Marinella Vannini

UNIVERS ITALIA 2.0

Italienisch für Studierende

Lehrerhandbuch

A1 / A2

Hueber Verlag

Einführung und einzelne Inhalte der Lektionen bearbeitet
und ergänzt auf der Basis von *UniversItalia – Guida per l'insegnante*
(ISBN 978-3-19-015378-7).

*Un particolare ringraziamento va a Giulia de Savorgnani e a Danila Piotti
per il prezioso aiuto.*

3. 2. 1. | Die letzten Ziffern
2021 20 19 18 17 | bezeichnen Zahl und Jahr des Druckes.
Alle Drucke dieser Auflage können, da unverändert,
nebeneinander benutzt werden.
1. Auflage

Redaktion: Valerio Vial, München
Umschlaggestaltung: Sieveking · Agentur für Kommunikation, München
Layout und Satz: Sieveking · Agentur für Kommunikation, München
Druck und Bindung: Friedrich Pustet GmbH & Co. KG, Regensburg
Printed in Germany
ISBN 978-3-19-125463-6

Art. 530_23807_001_01

Indice

UniversItalia 2.0 A1/A2 è un corso di italiano per principianti assoluti o con modeste conoscenze pregresse, ideato appositamente per studenti: può dunque essere utilizzato in università, politecnici, scuole interpreti, conservatori, accademie musicali e artistiche.
Si rivolge tanto a romanisti che necessitino di una formazione linguistica di base, quanto a studenti di altre facoltà che scelgano l'italiano come materia complementare e desiderino conseguire un certificato UNIcert®.
Il corso persegue gli obiettivi didattici previsti dal Quadro comune europeo per i livelli di competenza A1 e A2: cura, cioè, lo sviluppo delle quattro abilità fondamentali (ascoltare, leggere, parlare e scrivere), accompagnato dall'apprendimento delle strutture morfosintattiche. Testi ed esercizi mirati favoriscono, inoltre, lo sviluppo della competenza interculturale.
Il corso può dunque preparare lo studente al conseguimento del certificato UNIcert®-Basis.
UniversItalia 2.0 A1/A2 è composto da un **manuale** per le lezioni da svolgere in classe, un **eserciziario** integrato nel manuale e un'**appendice**. Contiene anche **2 CD** con tutti i testi auditivi del manuale e dell'eserciziario (nel primo CD ci sono i testi auditivi del manuale e nel secondo CD quelli dell'eserciziario e della fonetica).
Ogni unità offre materiale didattico per 6–10 ore di lezione.
Il manuale è in ogni caso abbastanza flessibile da consentire adattamenti in base alle esigenze delle diverse istituzioni ed al profilo degli utenti (università, politecnici o altro; romanisti o non romanisti). Grazie alla sua progressione può essere adottato anche in corsi intensivi.

STRUTTURA DEL MANUALE

Il manuale comprende 8 unità tematiche e due test di autovalutazione.

Le unità tematiche

Le 8 unità tematiche riguardano la vita quotidiana e i rapporti interpersonali, ma soprattutto la realtà degli studenti universitari.
Le situazioni e le funzioni comunicative proposte (per esempio orientarsi nell'università, studiare o fare uno stage all'estero, cercare un

alloggio in Italia) sono state concepite per rispondere alle esigenze di questo particolare pubblico, sia in funzione degli esami da dare "in casa", sia in vista di un soggiorno di studio o di lavoro in Italia.
Gli argomenti e i testi sono stati scelti in modo tale da far sì che i discenti si confrontino con la cultura italiana, mettendola costantemente in rapporto con la propria cultura d'origine per favorire, sin dal primo approccio, lo sviluppo della consapevolezza e della competenza interculturale. Anche nelle attività di produzione si è cercato di creare un "aggancio" con l'esperienza concreta dello studente per garantire coinvolgimento, motivazione e, non ultima, un'utilità pratica.
La struttura del manuale è chiara e tutte le sue parti sono rese immediatamente riconoscibili dalla grafica: al fine di facilitare l'orientamento di studenti e docenti, ogni unità è identificata da un colore (le pagine sono definite da due barre colorate ai margini), la pagina del progetto riporta come sfondo il colore dell'unità e la sintesi grammaticale è, per ogni unità, identificata dal colore giallo. Il giallo identifica anche le tabelle grammaticali all'interno delle unità.

I test di autovalutazione

I test si trovano prima dell'eserciziario e sono due, uno per ogni livello di competenza coperto dal manuale. Si tratta di test per l'autovalutazione dei progressi nell'apprendimento della lingua, formulati in tedesco, da svolgere a conclusione delle unità 4 e 8.
In linea con la filosofia del Quadro comune e del Portfolio europeo delle lingue (vedi in particolare la "Biografia linguistica"), si articolano in quattro "rubriche" dedicate alle competenze linguistico-comunicative (ascoltare, leggere, parlare e scrivere).
Per ogni abilità e livello di competenza, i test contengono dei descrittori che consentono al discente di valutare che cosa sa già fare in lingua italiana (non si tratta dunque di test grammaticali).
S'intende così fornire allo studente uno strumento utile a monitorare il proprio processo d'apprendimento, uno strumento che lo aiuti a rendersi consapevole sia dei propri punti di forza che delle proprie difficoltà, a riconoscere i propri bisogni e a definire i propri obiettivi, a sfruttare sempre meglio le proprie capacità e risorse.

Se svolti con l'opportuna serietà e sincerità, i test di autovalutazione possono rappresentare tappe significative sulla strada che porta all'autonomia del discente. Si consiglia perciò di spiegare bene la loro funzione e di farli svolgere in classe.

STRUTTURA DI UN'UNITÀ

È importante sottolineare, innanzi tutto, che il sillabo delle funzioni comunicative presentate in ogni unità scaturisce dalle indicazioni del Quadro comune, del Profilo della lingua italiana e di UNIcert®, il sillabo lessicale e quello grammaticale ne sono la diretta conseguenza.

La prima pagina

Nella prima pagina di ogni unità il titolo fornisce indicazioni sul tema centrale. Le foto, di supporto al titolo, introducono gli studenti al tema, li trasferiscono idealmente in un contesto italiano e, nella maggior parte dei casi, sono anche parte integrante della prima attività.
Lo specchietto colorato, in basso a destra, anticipa le funzioni comunicative trattate nell'unità e il progetto da realizzare alla fine dell'unità.

I contenuti

Ogni unità è costruita intorno ad un tema centrale che si sviluppa attraverso le varie attività e costituisce la cornice all'interno della quale si svolge il processo di apprendimento. Quest'ultimo è strutturato in cinque momenti: motivazione → ricezione → analisi → fissaggio delle strutture → produzione. Questo ciclo si ripete più volte nel corso dell'unità conferendole una struttura a spirale.
Gli elementi costitutivi ricorrenti in tutte le unità sono dunque:

- La prima pagina, che mira a stimolare l'interesse degli studenti per il tema dell'unità mediante l'uso di materiale fotografico, introducendo nel contempo il lessico del relativo ambito semantico.
- Input, costituiti da letture ed ascolti autentici, destinati sia allo sviluppo dell'abilità di comprensione sia all'introduzione del lessico e delle strutture necessari per l'esecuzione di un determinato compito comunicativo.

In ogni unità sono presenti almeno un ascolto e una lettura, in diversi casi anche di più.

- Seguono momenti di analisi e riflessione linguistica che compaiono sotto i titoli *Ritorno al testo* e *Occhio alla lingua!*.
- Ci sono poi attività dedicate al fissaggio e consolidamento delle strutture appena introdotte. Si tratta di esercizi sempre contestualizzati e in gran parte comunicativi, che potranno essere integrati con altri (anche strutturali e più "classici") tratti dall'eserciziario o dall'aula *Moodle*.
- Ogni fase si conclude di norma con un'attività di produzione orale e/o scritta.

Malgrado la costante presenza di tutti gli elementi appena citati, le unità, la cui lunghezza va dalle 12 alle 14 pagine, non hanno una struttura rigida e sempre uguale perché una maggiore varietà garantisce più curiosità e quindi più motivazione consentendo, nel contempo, di sviluppare il tema centrale in modo più creativo. Ciò non toglie che ogni unità abbia una sua logica interna, motivo per cui si raccomanda di svolgere le attività nell'ordine in cui appaiono nel libro.

L'ultima pagina – Il progetto

Nell'ultima pagina di ogni unità, in linea con le indicazioni della glottodidattica per progetti, un progetto (contestuale al tema dell'unità e articolato in più punti) propone agli studenti compiti creativi e orientati all'azione per attivare, ripetere e fissare quanto appreso nell'unità.
La realizzazione di un progetto è un vero e proprio momento di apprendimento cooperativo che pone gli studenti di fronte a problemi reali da risolvere in gruppo, attivando competenze e capacità non solo linguistiche ma anche relazionali (come l'autodisciplina e la capacità di negoziare, ma anche la creatività e lo spirito d'iniziativa).
Per portare a termine un progetto gli studenti devono saper valutare le risorse (linguistiche e non) che hanno a disposizione, devono operare delle scelte e devono negoziare le proprie scelte con quelle dei compagni.
Inoltre, il fatto che il progetto abbia sempre una ricaduta pratica nella realizzazione finale di un prodotto del quale siano stati definiti fin dal principio le caratteristiche e l'impiego (ad esempio compilare un modulo di richiesta informazioni per frequentare un corso d'italiano in Italia), da una parte conferisce concretezza all'attività (ed è noto che la maniera migliore per apprendere è quella di trovarsi di fronte a problemi reali da

risolvere), e dall'altra coinvolge e motiva gli studenti dal momento che consente loro di raggiungere un risultato concreto.
Quindi, nel proporre agli studenti questo tipo di attività, accertatevi che ne abbiano compreso le potenzialità, scandite bene le diverse fasi e sottolineate l'importanza di collaborare per il raggiungimento di un fine comune.

La sintesi grammaticale

Alla fine di ogni unità, dopo la pagina dedicata al progetto, c'è una sintesi grammaticale (di due o tre pagine, sempre identificabili dal colore giallo), spiegata in tedesco, degli argomenti trattati nell'unità.
La scelta di posizionare la sintesi grammaticale alla fine dell'unità è motivata dalla volontà di consentire allo studente di avere subito a disposizione le spiegazioni grammaticali degli argomenti appena trattati, in una sintesi chiara, agile e mirata.

INPUT ORALI

Tipologia

La tipologia degli input orali è stata selezionata in base alle indicazioni del Quadro comune europeo per i livelli A1 e A2 e di UNIcert® per gli esami del livello di base. Essi sono costituiti prevalentemente da conversazioni faccia a faccia (di tipo privato o più formale), telefonate o interviste.
La durata degli input non supera, in genere, i 2 minuti e la loro complessità aumenta gradualmente nel corso delle unità. Laddove sono più brevi e più semplici, a volte ne compaiono anche due per unità.
Le registrazioni sono effettuate da persone di madrelingua italiana che parlano con la loro normale velocità ed intonazione. Si è cercato di garantire una certa varietà di voci, facendo però prevalere quelle giovani, allo scopo di favorire l'identificazione da parte del discente. Eccezion fatta per le attività di fonetica, si è preferito non ricorrere a speaker professionisti, per dare allo studente la possibilità di allenarsi nella comprensione della lingua realmente parlata in Italia.
La tipologia prevalente è dunque la conversazione o l'intervista perché, in questo caso, chi parla non deve recitare una parte, ma semplicemente essere se stesso, il che garantisce spontaneità e autenticità di espressione.

Indicazioni di metodo

Ascoltare è un'abilità complessa, è un processo costruttivo, che implica il pieno coinvolgimento cognitivo ed affettivo di chi ascolta. Implica cioè un ascoltatore attivo e consapevole, che sa perché ascolta (ha uno scopo), che cosa ascolta (seleziona le informazioni rilevanti) e come ascolta (sceglie le strategie appropriate rispetto allo scopo).
Ma ascoltare non è necessariamente sinonimo di capire. La comprensione infatti non si realizza in modo automatico. Se così fosse tutti i problemi sarebbero risolti già dal primo, partecipato e consapevole ascolto.
Per aiutare gli studenti a capire, i libri di testo e gli insegnanti hanno un ampio margine di intervento. Possono proporre agli studenti ascolti ripetuti di un testo e possono allestire sostegni per la comprensione, prima, durante e dopo l'ascolto. È proprio questa la strada seguita dal manuale, che, fin dal primo ascolto, chiede agli studenti di rispondere ad alcune domande al fine di ricavare determinate informazioni. Fornendo loro, in tal modo, sostegni per la comprensione, grazie ai quali potranno orientarsi nei ripetuti ascolti, avendo ogni volta un compito, sempre più articolato e complesso, da svolgere.

Per vincere eventuali resistenze e prevenire la frustrazione, sarà comunque opportuno che l'insegnante evidenzi l'efficacia di quest'attività e tranquillizzi gli studenti dicendo loro che:

- lo scopo NON è quello di capire tutto, primo perché non è possibile e secondo perché non è realistico: quando si assiste ad una conversazione, anche nella propria lingua madre, è normale che sfuggano dei particolari;
- lo scopo di quest'attività è semplicemente quello di abituare l'orecchio e la mente ai suoni dell'italiano: solo ascoltandoli spesso e in una versione autentica essi impareranno a riconoscerli e a conferire loro un senso. Si tratta di un vero e proprio allenamento e l'obiettivo sarà raggiunto se ognuno si sforzerà di capire ogni volta un po' di più;
- per allenarsi bene è importantissimo non fidarsi esclusivamente dell'orecchio perché l'acustica può sempre ingannare; è indispensabile mettere in gioco la propria esperienza di vita (domandandosi per esempio: di che situazione si tratta? cosa si dice di solito in una situazione del genere?) e la propria fantasia;
- altrettanto importante è utilizzare le informazioni raccolte come "appiglio" a cui appoggiarsi per associare altre idee, come se si dovesse

comporre un puzzle, al fine di capire ogni volta un po' di più e in modo sempre più dettagliato;

- nello svolgere quest'attività gli studenti non saranno soli, potranno scambiare con i compagni le informazioni raccolte, si aiuteranno a sciogliere i dubbi, potranno fare insieme delle supposizioni da verificare durante l'ascolto successivo. E siccome non lavoreranno solo con un unico compagno (sarà cura dell'insegnante alternare i confronti fra compagni diversi), tutta la classe contribuirà a far sì che ognuno si possa "allenare" efficacemente.

Le trascrizioni dei testi orali si trovano nella presente Guida ad uso esclusivo dell'insegnante. Si raccomanda di non fornirle alla classe.
A quegli studenti che dovessero richiederle, si risponderà che le attività di ascolto devono simulare la vita reale, immergendo il discente in situazioni analoghe a quelle che si troverà ad esperire in Italia in modo che egli impari ad orientarsi e a cavarsela da solo. Perciò in classe non potrà leggere il testo esattamente come nella vita reale non può vedere ciò che le persone dicono. La mancanza della trascrizione non è quindi una cattiveria, bensì un aiuto: finché si rimane legati alla parola scritta, infatti, non si può imparare a decodificare i suoni perché il cervello umano li elabora diversamente dai segni.

INPUT SCRITTI

Tipologia

La tipologia delle letture è stata selezionata in base alle indicazioni del Quadro comune europeo per i livelli A1 e A2 e di UNIcert® per gli esami del livello di base. Sono stati perciò inseriti moduli, lettere, e-mail, articoli tratti da siti internet, annunci economici.
Si tratta di testi autentici, di lunghezza e difficoltà graduali, che presentano una gamma piuttosto ampia di generi testuali e registri stilistici per consentire agli studenti di familiarizzare il più possibile con l'italiano scritto nelle sue varie forme e funzioni.
La scelta di presentare brani autentici, o leggermente adattati, nasce dalla convinzione che solo confrontandosi regolarmente, e fin dal principio, con la lingua scritta nella sua naturale complessità lessicale e sintattica si potrà imparare a comprenderla.

È chiaro che letture di questo tipo creano al discente maggiori difficoltà rispetto a testi redatti appositamente per stranieri al fine di introdurre determinati elementi linguistici: nel nostro caso, infatti, al lettore potrà capitare di trovare anche vocaboli, forme o strutture che ancora non conosce.

Indicazioni di metodo

Così come per le attività di ascolto, anche per gli input scritti viene richiesto agli studenti fin dalla prima lettura di svolgere determinati compiti al fine di ricavare determinate informazioni. Vengono forniti loro, in tal modo, sostegni per la comprensione, grazie ai quali potranno orientarsi nelle ripetute letture, avendo ogni volta un compito, sempre più articolato e complesso, da svolgere.

Davanti alla pagina stampata gli studenti saranno più che mai tentati di voler capire ogni parola. Occorrerà dunque che l'insegnante li prepari con cura a quest'attività facendo presente che:

- lo scopo NON è quello di capire tutto, primo perché non è possibile e secondo perché non è necessario: per cogliere il significato generale di un testo, o per rispondere a domande mirate, non occorre identificare tutte le parole;
- lo scopo di quest'attività è semplicemente quello di abituare l'occhio e la mente a "districarsi" fra i segni dell'italiano: soltanto misurandosi con essi, di frequente e in una versione autentica, è possibile sviluppare le strategie adatte a decodificarli. Si tratta quindi di un vero e proprio allenamento e l'obiettivo sarà raggiunto se ognuno si sforzerà di capire ogni volta un po' di più;
- per allenarsi bene è importantissimo concentrare la propria attenzione innanzi tutto su ciò che si capisce e non su ciò che non si capisce. Raccomandate dunque agli studenti di non cominciare subito a sottolineare le parole a loro ignote (come fanno di solito): se proprio vogliono sottolineare qualcosa, sottolineino pure le parti che riescono a comprendere;
- altrettanto importante è utilizzare le informazioni raccolte e le parole chiave che si scoprono come "appiglio" a cui appoggiarsi per associare altre interpretazioni, come se si dovesse comporre un puzzle, al fine di capire ogni volta un po' di più scendendo sempre più nei dettagli;

- un ulteriore aiuto alla comprensione può venire, inoltre, dagli elementi formali caratterizzanti: indicazioni relative alla fonte e all'autore, titoli e sottotitoli, intestazioni, ecc. È importante quindi che l'insegnante faccia presente agli studenti che, per comprendere un testo, è indispensabile mettere in gioco la propria esperienza di vita, per cercare di identificare, innanzi tutto, il genere di testo che si dovrà affrontare e poi chiedersi per esempio: che cosa potrei aspettarmi di leggere in un testo di questo tipo?;
- non è un aiuto, invece, il glossario che si trova in fondo al libro: consultarlo per chiarire ogni parola nuova è anzi un errore che il discente commette a proprio danno, prima di tutto perché la consultazione interrompe il flusso di lettura e quindi anche il processo mentale di comprensione, e poi perché in questo modo ci si autoimpedisce di sviluppare la propria capacità di deduzione;
- fra le strategie di comprensione ha un ruolo di primo piano la fantasia che, unita alla capacità di deduzione, potrà aiutare il discente a ricavare il significato di vocaboli ignoti con l'ausilio del contesto in cui essi compaiono;
- esattamente come accade quando si legge nella propria lingua madre, nel corso del tempo sarà necessario sviluppare strategie di comprensione diverse in base alle caratteristiche del testo: un articolo di giornale, per esempio, si legge per scopi e con metodi differenti rispetto ad un brano letterario;
- nello svolgere quest'attività gli studenti non saranno soli, potranno scambiare con i compagni le informazioni raccolte, si aiuteranno a sciogliere i dubbi, potranno fare insieme delle supposizioni da verificare durante la lettura successiva. E siccome non lavoreranno solo con un unico compagno (sarà cura dell'insegnante alternare i confronti fra compagni diversi), tutta la classe contribuirà a far sì che ognuno si possa "allenare" efficacemente.

ANALISI LINGUISTICA

UniversItalia 2.0 A1/A2 propone una progressione grammaticale rapida che tiene conto dei tempi ristretti tipici del curriculum accademico. Si è quindi cercato di evitare il più possibile la parcellizzazione dei fenomeni morfosintattici, che tuttavia vengono costantemente ripresi secondo un procedimento a spirale. Tali fenomeni vengono sempre estratti da un testo

autentico (orale o scritto) e sono dunque inseriti in un preciso contesto, del quale è necessario tenere conto anche nella fase di analisi.
La grammatica è presentata in modo induttivo: non sarà cioè l'insegnante a fornire la regola, ma sarà il discente che, analizzando un input già compreso a livello di contenuto, cercherà di individuare le regolarità della lingua e di formulare le norme scrivendole negli appositi riquadri. Compito dell'insegnante sarà invece quello di stimolare e, soprattutto nelle prime unità, guidare tale ricerca incoraggiando gli studenti a fare delle ipotesi e ad esporle. Qualora tali ipotesi si rivelassero errate, sarà importante, nel dirlo, lodare esplicitamente il tentativo compiuto, fornendo poi eventualmente un indizio utile per un nuovo tentativo. In questo modo lo studente conquisterà autonomamente il dominio della lingua, il che favorirà l'apprendimento consapevole e duraturo. Ogni regola formulata è una piccola conquista, un successo che aiuta il discente ad acquisire maggiore sicurezza e aumenta la motivazione. Tuttavia, poiché il metodo induttivo costa allo studente più fatica, si consiglia di spiegare fin dall'inizio i suoi vantaggi (a breve e a lungo termine).

I momenti di analisi linguistica previsti in ogni unità sono di due tipi, simili ma non identici, che illustriamo qui di seguito e che sono intitolati, per lo più, *Ritorno al testo* e *Occhio alla lingua!*
Per evitare la monotonia, si è preferito non usare esclusivamente questi due titoli, ma formularne altri in armonia con il tema dell'unità. Grazie ai riquadri gialli, sarà comunque facile riconoscere i momenti di analisi linguistica e il tipo di procedimento da adottare.

Ritorno al testo

Sotto questo titolo si trovano, spesso, brani estratti da una lettura o da un ascolto già noti ai quali si tratta appunto di "ritornare" per soffermarsi, questa volta, su determinati aspetti della grammatica. Tali brani però non sono stati trascritti interamente: prima di iniziare l'analisi, lo studente dovrà ricomporre il testo, riascoltando o rileggendo l'originale (nel caso degli input orali ascolterà solo il brano in questione, non tutto il dialogo). Le parole o espressioni eliminate nella trascrizione sono in genere proprio quelle sulle quali si intende focalizzare l'attenzione del discente. Una volta ricomposto il testo, si procederà all'osservazione ed analisi di un determinato aspetto della grammatica o del lessico o delle funzioni comunicative

che vengono introdotte, seguendo la traccia fornita dalla consegna presente nel manuale.
Il lavoro si concluderà con la formulazione di una regola che verrà scritta nel riquadro giallo. Per il procedimento da seguire di volta in volta si rimanda alle pagine di questa guida relative alle singole unità. Per ora basti dire che, al contrario di quanto avviene nelle fasi di comprensione generale, gli estratti devono essere capiti completamente: sarà dunque importante guidare gli studenti alla comprensione senza però fornire loro la traduzione dell'intero brano.

Procedimento:
Seguendo le indicazioni del manuale, chiedete agli studenti di ricostruire il brano ascoltandolo più volte o rileggendolo, poi passate ai quesiti linguistici invitando gli studenti a risolverli lavorando in coppia. Alla fine riportate la riflessione in plenum.
Se lo ritenete opportuno, fatevi dettare la soluzione e trascrivetela nel testo che avrete riprodotto su lucido, su una slide o copiato alla lavagna, oppure invitate uno o più studenti a venire a scriverla loro stessi. La classe intera avrà il compito di controllare la correttezza di ciò che si andrà scrivendo. Chi non è d'accordo dovrà fare controproposte. Se ci sono divergenze (o se c'è totale accordo su soluzioni sbagliate: in tal caso direte che non siete d'accordo voi), guidate gli studenti nel ragionamento fino a farli giungere ad una versione condivisa e corretta. Date voi la soluzione solo se proprio nessuno riesce a fornirla.

Altre volte agli studenti viene richiesto di ritornare al testo (scritto), di rileggerlo e cercarvi, evidenziandoli, alcuni particolari elementi (morfosintattici, fraseologici, lessicali, ecc.) che saranno oggetto di approfondimento e riflessione (si vedano, ad esempio, i punti 4, 8 e 10 dell'unità 1).

Occhio alla lingua!

Anche qui l'analisi linguistica prende le mosse da estratti di ascolti e letture, che però sono trascritti per intero.
Gli elementi sui quali si vuole focalizzare l'attenzione degli studenti sono normalmente evidenziati in grassetto. L'analisi in sé funziona come nel *Ritorno al testo*.

Funzione dei riquadri gialli

I riquadri gialli contengono le riflessioni grammaticali e le regole che i discenti sono chiamati a formulare o completare nelle fasi di analisi appena descritte. Una volta formulate, le regole andranno scritte negli appositi spazi in modo da diventare ufficiali e dunque oggetto di studio.
Nei riquadri si usa esclusivamente la lingua italiana, sia per le domande che introducono la riflessione sia per le regole da completare: questa scelta è dovuta alla volontà di far sì che l'italiano sia non solo materia di studio, ma diventi anche lingua veicolare, strumento di reale comunicazione fra discenti e docenti. Ciò non impedisce, tuttavia, che nelle prime unità gli studenti usino anche la propria lingua madre per formulare le regole.
I riquadri hanno innanzi tutto uno scopo pratico, quello di rendere facilmente rintracciabile la grammatica per facilitare il lavoro tanto allo studente sotto esame quanto al docente che si prepara la lezione.
In secondo luogo, hanno una funzione psicologica: rappresentano la grammatica che gli studenti scrivono di proprio pugno, costruendola insieme passo per passo, ed evidenziano quindi il contributo del singolo e della classe alla "conquista" della lingua italiana. Sono una sorta di visualizzazione delle tappe e dei successi personali sulla strada dell'apprendimento.

Funzione degli specchietti in turchese

Gli specchietti in turchese servono a evidenziare dei dettagli, come certe particolarità lessicali, che vanno ugualmente chiariti perché necessari alla comunicazione. Sarà l'insegnante stesso, valutando la situazione della classe, a decidere di volta in volta se e in quale misura sottoporre tali dettagli alla riflessione degli studenti.

Funzione dei riquadri delineati da linee tratteggiate

Si tratta di spazi e momenti in cui gli studenti sono chiamati ad osservare, a riflettere e a tirare le somme su aspetti particolari della lingua e sulle sue regolarità.
I riquadri delineati dalle linee tratteggiate gialle interessano fenomeni prettamente grammaticali (ad esempio le desinenze dei verbi al punto 4 dell'unità 1), mentre i riquadri delineati dalle linee tratteggiate in color

turchese interessano il lessico e le funzioni comunicative (ad esempio le espressioni per ordinare qualcosa al bar punto 3 dell'unità 2).
Si tratta, in entrambi i casi, di occasioni di riflessione sulla lingua a partire da determinati fenomeni, morfosintattici, lessicali o fraseologici, appena trattati.

ESERCIZI

All'analisi linguistica seguono degli esercizi scritti e orali, sempre contestualizzati, che mirano al fissaggio, al consolidamento o all'espansione delle strutture introdotte. Essi sono di diverso tipo:
Esercizi "classici" da eseguire individualmente e/o in plenum come quelli ai punti 5 e 14 dell'unità 1. Agli esercizi individuali segue, di regola, un confronto fra studenti.
Esercizi che prevedono una fase di interazione con uno o più compagni, come al punto 15c dell'unità 1, al punto 21 dell'unità 2, ai punti 8 e 9b dell'unità 3. Non si tratta di vere e proprie produzioni libere, ma di applicazioni delle regole appena formulate o di una pratica guidata delle funzioni comunicative appena scoperte. Non aspettatevi, dunque, che gli studenti parlino o scrivano a lungo.
Esercizi di espansione e/o sistematizzazione del lessico in cui gli studenti sono chiamati ad introdurre autonomamente vocaboli nuovi e/o a raccoglierli in base a determinati criteri (linguistici, per esempio sinonimi e contrari, o tematici), come al punto 1b dell'unità 2 e al punto 1b dell'unità 4.
Lo scopo di tali attività è molteplice:

- attivare le eventuali preconoscenze;
- consentire agli studenti di costruirsi il proprio vocabolario personale, quello di cui hanno bisogno per parlare della propria vita reale e individuale (che dunque non può essere uguale per tutti) costruendo così un ponte fra l'attività in classe e la realtà quotidiana dei discenti;
- favorire la memorizzazione del lessico grazie al legame "affettivo": se il vocabolo riguarda la mia vita, mi interessa e me lo ricorderò più facilmente;
- avviare gli studenti ad un lavoro intelligente e proficuo con il lessico distogliendoli dalla deleteria abitudine di studiare a memoria i glossari dei libri di testo;
- favorire la collaborazione fra compagni di studio; rendere gli studenti il più possibile attivi e consapevoli, affinché capiscano che ciò che possono

imparare non dipende solo dal libro o dall'insegnante, ma anche e soprattutto da loro stessi e che ci si aspetta da loro un contributo attivo: il programma si costruisce, almeno in parte, insieme;
- soprattutto nelle prime fasi del corso, favorire l'uso dell'italiano come lingua veicolare attraverso la frequente utilizzazione di formule tipo *Come si dice?*, *Come si scrive?*, *Come si pronuncia?*, ecc.

Come in tutte le altre attività, anche negli esercizi le consegne sono formulate in italiano per far sì che esso diventi il più presto possibile strumento di reale comunicazione fra discenti e docenti. Nelle prime fasi di studio sarà necessario tradurle, ma poiché si ripetono spesso le stesse frasi, gli studenti impareranno ben presto a riconoscerle.
Sarà comunque importante sottolineare che devono solo capire il significato della consegna per poterla eseguire, senza fermarsi ad analizzarne la struttura linguistica.
Per lo svolgimento seguite le istruzioni del manuale e le indicazioni della presente guida, ricordando di dire agli studenti che possono rivolgersi a voi in qualsiasi momento per chiedere le parole che non conoscono, a patto che lo facciano in italiano.
Gli esercizi del manuale possono essere integrati con altri (anche strutturali e più "classici") tratti dall'eserciziario, a cui rimanda costantemente l'apposito simbolo (vedi, più in basso, Funzione dei simboli), o dall'aula *Moodle*.

PRODUZIONE ORALE

La tipologia delle produzioni orali libere, che compaiono in ogni unità, è stata selezionata in base alle indicazioni del Quadro comune europeo per i livelli A1 e A2 e di UNIcert® per gli esami del livello I.
Gli obiettivi comunicativi previsti in ogni unità sono specificati nell'indice e nello specchietto in basso a destra della prima pagina e le produzioni orali sono sempre legate al tema dell'unità. Alcune hanno un'impostazione più pragmatica, come quando si tratta per esempio di chiedere indicazioni stradali (unità 4), altre invece coinvolgono lo studente in modo più personale. Si è cercato comunque di offrire una gamma piuttosto ampia di attività orali (dialoghi, giochi di ruolo, discussioni, ecc.) nella convinzione che sia necessario invitare lo studente ad esprimersi fin dal principio nella lingua che sta studiando, per quanto scarse o addirittura minime possano essere le sue conoscenze. Sarà infatti proprio lo sforzo che compirà per raggiungere

un determinato obiettivo comunicativo con i suoi modesti mezzi a consentirgli di acquisire progressivamente sicurezza e scioltezza nell'uso della lingua, sviluppando nel contempo l'accuratezza formale. Per poter raggiungere tale scopo lo studente deve avere la possibilità di esprimersi liberamente, senza sentirsi controllato o valutato dall'insegnante: solo così infatti troverà il coraggio di fare esperimenti, commettendo errori e riformulando quanto detto.
Sarà bene evidenziare con chiarezza questo punto facendo una netta distinzione fra le attività che richiedono soprattutto correttezza morfosintattica e prevedono dunque una correzione "ufficiale" (cioè gli esercizi di cui sopra) e le produzioni libere, che si chiamano così appunto perché dedicate alla libera sperimentazione linguistica.
Al fine di garantire tale libertà, le produzioni non prevedono la partecipazione dell'insegnante, che dovrà limitarsi ad organizzare l'attività (per esempio formando le coppie o i gruppi in maniera oculata), fissare il tempo per lo svolgimento e tenersi a disposizione come consulente: dopo aver dato il via all'attività, provvederete perciò a sistemarvi in un punto dell'aula che vi consenta di non disturbare il lavoro degli studenti e di segnalare, nel contempo, la vostra disponibilità a rispondere a qualsiasi domanda.

Le produzioni libere orali di **UniversItalia 2.0 A1/A2** prevedono un lavoro di coppia o di gruppo, oppure gli studenti devono intervistare i compagni girando per la classe. Durante l'attività potete mettere una musica strumentale di sottofondo e aumentare il volume per segnalare la fine dell'attività.
Per lo svolgimento seguite le istruzioni del manuale e le indicazioni della presente guida, ricordando di dire agli studenti che possono rivolgersi a voi in qualsiasi momento a patto che lo facciano in italiano.

PRODUZIONE SCRITTA

La tipologia delle produzioni scritte libere, che compaiono in ogni unità, è stata selezionata in base alle indicazioni del Quadro comune europeo per i livelli A1e A2 e di UNIcert® per gli esami del livello I.
Si tratta, per esempio, di moduli da compilare, lettere, e-mail, brevi temi analoghi a quelli che spesso si devono svolgere agli esami, ecc.
Si tratta comunque di attività sempre contestualizzate, cioè legate al tema e agli obiettivi comunicativi dell'unità, che si ispirano a un modello dato e

analizzato (si vedano per esempio unità 1 punto 17d) e portano il discente ad esercitare l'uso della lingua scritta nelle sue diverse forme e funzioni. Le produzioni richieste hanno un'impostazione pragmatica vicina all'esperienza degli studenti (si veda per esempio l'unità 3 punto 20), per aumentare il loro coinvolgimento e la motivazione in un'attività che non di rado risulta ostica.
Nelle consegne è indicato, a volte, anche il numero delle parole da scrivere in modo che lo studente si abitui sia ai compiti da svolgere negli esami sia ad altri tipi di testi che gli potrà capitare di dover produrre rispettando una lunghezza data (per esempio relazioni di stage o domande di ammissione a corsi di laurea a numero chiuso).

Procedimento:
La produzione scritta chiede allo studente di mettere in gioco tutte le proprie conoscenze linguistiche con una precisione ed un'accuratezza maggiori rispetto alla produzione orale. Essa richiede anche un livello di progettazione più alto e dunque più tempo. Per questi motivi e in considerazione dei tempi a disposizione durante il semestre, diverse attività scritte potranno essere svolte a casa; alcune tuttavia sono ideate appositamente per lo svolgimento in classe (per esempio quella al punto 12 dell'unità 3). Seguite dunque le istruzioni del manuale e le indicazioni della presente guida. In ogni caso vi consigliamo di:

- tranquillizzare gli studenti circa il prodotto che vi attendete da loro: stanno facendo degli "esperimenti linguistici" in base a determinati criteri, ciò che conta è soprattutto lo sforzo volto ad attivare tutte le proprie conoscenze per raggiungere un determinato obiettivo;
- sottolineare che, in quanto esperimento, la produzione non può risultare subito perfetta, motivo per cui è bene che i discenti si abituino fin dall'inizio a dividere il lavoro in fasi ben precise (che nel corso dei loro studi impareranno ad affinare sempre più): progettazione – prima elaborazione – revisione – scrittura in bella copia. L'automatizzazione di questo procedimento, che verrà col tempo, costituisce una valida preparazione agli esami;
- evidenziare che, proprio per il motivo appena citato, chi non svolge le produzioni risparmia forse tempo, ma nuoce al proprio apprendimento;
- evidenziare che la lettura e correzione da parte dell'insegnante non rappresenta una "sentenza" da temere, ma un contributo al miglioramento dell'abilità di scrittura dei discenti;

- dire che anche in questo caso possono (o meglio, dovrebbero) ricorrere alla collaborazione dei compagni discutendo con loro quanto scritto.

Questo tipo di collaborazione può essere favorito svolgendo la correzione in classe con il seguente procedimento:

- formate delle coppie, appena possibile (cioè appena cominciate a conoscere un po' gli studenti), non a caso: fate in modo di mettere insieme due persone che si possano realmente aiutare (per esempio evitando eccessivi dislivelli e tenendo conto della dinamica di gruppo);
- invitate i partner a leggere insieme i loro testi, prima uno e dopo l'altro;
- dite che ognuno ha il compito di fare delle proposte per il miglioramento del testo scritto dal partner, il quale, a sua volta, dovrà riflettere per decidere se accettare o no tali proposte;
- specificate che sono ben gradite vivaci discussioni sui consigli dati e che se i partner non riescono a mettersi d'accordo possono interpellare voi come arbitri;
- sistematevi in un punto dell'aula che vi consenta di non disturbare il lavoro delle coppie e di segnalare, nel contempo, la vostra disponibilità a rispondere a qualsiasi domanda.

  Questo tipo di correzione consente allo studente, fra l'altro, di tranquillizzarsi in vista della correzione da parte dell'insegnante perché non sarà più l'unico responsabile degli eventuali errori.

FUNZIONE DEI SIMBOLI

Nel manuale compaiono i seguenti simboli:
▶II rinvia al track del CD da ascoltare.
Il primo CD contiene gli ascolti delle 8 unità del manuale; il secondo quelli dell'eserciziario e della fonetica.
≡⁄ rimanda all'eserciziario.

ESERCIZIARIO

L'eserciziario è parte essenziale del corso: presenta, cioè, non solo attività supplementari, ma anche e soprattutto materiale didattico concepito per completare in maniera esauriente il processo di apprendimento avviato nel

manuale. Esso è perciò destinato tanto allo studio autonomo a casa quanto all'integrazione delle attività svolte in classe.
Comprende 8 capitoli corrispondenti alle unità del manuale.
Le chiavi degli esercizi e le trascrizioni degli ascolti ivi contenuti sono in fondo al libro (pp. 249–257 e 258–262).

Esercizi

Ogni capitolo segue la progressione della corrispondente unità del manuale e presenta, innanzi tutto, numerosi esercizi di consolidamento delle funzioni comunicative e degli elementi morfosintattici introdotti nell'unità, nel corso della quale il simbolo ≦ rinvia appunto all'eserciziario.
Come gli esercizi del manuale, anche quelli dell'eserciziario sono sempre contestualizzati e contribuiscono perciò ad approfondire il tema centrale dell'unità; a differenza dei primi, che sono più comunicativi, questi sono però più "classici", anche se si è cercato di variarne il più possibile la tipologia: vi sono esercizi di completamento, di abbinamento, di applicazione delle funzioni comunicative, di trasformazione, attività con domanda e risposta, formulazione di dialoghi, cruciverba, ecc.
Particolarmente importanti sono le attività che prevedono la compilazione di una tabella, o di uno schema, accompagnata dalla riflessione su un determinato elemento linguistico (per esempio unità 2, esercizio 5). Tali esercizi servono non solo a ricapitolare, ma anche ad approfondire quanto "scoperto" nel corso dell'unità: non di rado, infatti, essi presentano approfondimenti che nel manuale, a causa della rapida progressione, non hanno trovato spazio (per esempio nell'es. 13 dell'unità 3 le preposizioni che si usano con il verbo *andare*). Nel presentare il libro agli studenti, sarà dunque importante avvertirli di questo particolare e sarà poi opportuno svolgere tali esercizi in classe, almeno nelle prime fasi del corso.
Questo tipo di attività costituisce, inoltre, un importante aiuto sia per quei discenti un po' più lenti che in classe fatichino a seguire il ritmo dei compagni sia per coloro che siano assenti quando vengono introdotti certi elementi morfosintattici.
Tutti gli esercizi sono concepiti in modo che lo studente li possa svolgere autonomamente a casa, correggendoli poi da solo grazie alle soluzioni. In casi particolari, tuttavia, è previsto anche un momento di socializzazione con i compagni (per esempio unità 4 es. 21b).
Le consegne degli esercizi sono formulate in tedesco.

Letture ed ascolti

L'eserciziario offre al discente anche la possibilità di consolidare la propria competenza nella lettura e nell'ascolto esercitandosi autonomamente a casa. I testi orali si trovano nel secondo dei due CD integrati, a cui rimanda lo stesso simbolo ▶II che compare nel manuale. Diversamente da quanto accade nel manuale, però, qui vengono fornite anche le trascrizioni, affinché il discente possa lavorare realmente da solo risolvendo tutti i suoi dubbi e soddisfacendo tutte le sue curiosità.
Se vorrà, potrà utilizzare alcune registrazioni anche per esercitare la pronuncia e l'intonazione, recitandole dopo averle ascoltate o durante l'ascolto. Tutti i testi contribuiscono, fra l'altro, ad approfondire ulteriormente il tema centrale dell'unità.

Lo sapevate che...?

È l'ultima rubrica di ogni capitolo e si riconosce facilmente grazie allo sfondo blu. Contiene informazioni supplementari di costume e cultura legate al tema centrale dell'unità. Sono formulate in italiano e sono perciò di lunghezza e difficoltà progressivamente maggiori.

APPENDICE

L'appendice contiene: un glossario per unità (pp. 185–210); un glossario alfabetico (pp. 211–231); una lista delle espressioni usate nel manuale per parlare di grammatica (p. 232); una lista delle espressioni usate nel manuale per parlare di fonetica (p. 233); una lista dei numeri fondamentali (p. 233); esercizi di fonetica (pp. 234–241); una tabella dei principali verbi irregolari (pp. 242–245); un prospetto sull'uso delle preposizioni (pp. 246–248); le chiavi degli esercizi dell'eserciziario (pp. 249–257); le trascrizioni degli ascolti dell'eserciziario (pp. 258–262).

UniversItalia 2.0 A1/A2 contiene due glossari. Il primo è organizzato per unità e riporta i vocaboli nell'ordine in cui sono comparsi in ogni singola attività, accompagnati dalla traduzione in tedesco. Il secondo riporta gli stessi vocaboli in ordine alfabetico con l'indicazione dell'unità e dell'attività in cui sono apparsi per la prima volta, accompagnati dalla traduzione in tedesco.

Entrambi i glossari sono destinati alla consultazione e non sono adatti allo studio. Da apprendere e attivare è invece il lessico di base, desunto dalle liste lessicali del Profilo della lingua italiana ed evidenziato in grassetto nel glossario per unità.

Fonetica

La sezione raccoglie i principali fenomeni della fonetica italiana incontrati nelle otto unità del manuale. La scelta di posizionarla dopo le otto unità è motivata dalla volontà di lasciare piena autonomia agli insegnanti, che saranno pertanto liberi di trattare i diversi punti quando lo riterranno opportuno.
In **UniversItalia 2.0 A1/A2** è stato adottato l'alfabeto fonetico internazionale (IPA: *International Phonetic Alphabet*).

GUIDA PER L'INSEGNANTE

Il presente volume ha lo scopo di guidarvi nell'uso di **UniversItalia 2.0 A1/A2** indicandovi, per ogni unità, il tema principale, le funzioni comunicative, il lessico, gli elementi morfosintattici e il progetto.
Viene inoltre spiegato il procedimento da seguire per ogni attività del manuale, con costante riferimento alle modalità già illustrate nell'introduzione. Spetterà a voi il compito di apportare eventuali modifiche in base al profilo dei vostri studenti.
La Guida fornisce anche la trascrizione degli input orali, la soluzione degli esercizi del manuale, informazioni di carattere socioculturale e geografico utili nel corso delle singole unità.

MOODLE

Ad **UniversItalia 2.0 A1/A2** può essere affiancata un'aula *Moodle*, una piattaforma digitale strutturata secondo la progressione del libro di testo e strettamente legata ai suoi contenuti e obiettivi di apprendimento.
L'aula *Moodle* offre un'ampia gamma di attività, esercizi, giochi, video e audio supplementari (di difficoltà e durata maggiore rispetto agli ascolti proposti nel manuale, così da fungere da ponte tra il primo e il secondo volume) da

svolgersi a casa, favorendo in tal modo l'apprendimento autonomo degli studenti e offrendo loro l'opportunità di prepararsi adeguatamente agli esami. Agli studenti viene, inoltre, offerta la possibilità di partecipare a *forum* guidati, nei quali possono mettere in pratica quanto appreso, confrontandosi con i compagni.
In *Moodle* è possibile trovare il *Bilancio* delle unità del libro. Si tratta di momenti in cui lo studente è chiamato a fermarsi un attimo per "fare il punto" prima di andare avanti. Egli potrà qui "misurare" i progressi, individuare gli obiettivi raggiunti e gli argomenti da ripetere.
Il *Bilancio* rappresenta dunque un importante strumento concepito per favorire l'autonomia del discente, che imparerà a "monitorare" costantemente il proprio processo d'apprendimento.
Esso è complementare ai test di autovalutazione presenti nel manuale: i test scandiscono il raggiungimento di "grandi" obiettivi (i livelli A1 e A2), il *Bilancio* serve a controllare il percorso che conduce a tali obiettivi, tappa per tappa, come una sorta di mappa che ci aiuta a non perdere la strada (o a ritrovarla se la si è persa).
Alla fine di ogni unità di *Moodle* si trova, inoltre, un test (con punteggio) che mira a verificare quanto appreso.
Negli elementi costitutivi del manuale, dell'eserciziario e dell'aula *Moodle* si rispecchia particolarmente, inoltre, l'adesione di **UniversItalia 2.0 A1/A2** ai principi del Quadro comune europeo e del Portfolio nella sua versione accademica.

ALCUNE RIFLESSIONI PRELIMINARI

Gli utenti-modello di **UniversItalia 2.0 A1/A2** sono studenti universitari, una categoria di discenti dalla quale spesso ci si attende un "funzionamento automatico": studiare è il loro lavoro, se si applicano non fanno altro che il loro dovere; l'insegnante, perciò, deve badare ai risultati, non al buon umore della classe, si pensa. Niente di più sbagliato, soprattutto per quanto riguarda l'insegnamento di una lingua straniera, che vive di comunicazione: essa infatti non può avere luogo in modo efficace fra persone che intrattengono al massimo rapporti "di servizio".
All'università, creare una buona atmosfera in classe è addirittura più importante che altrove perché gli studenti passano la giornata ad immagazzinare nozioni che riguardano le discipline più diverse e arrivano a lezione con la mente occupata da vari impegni che li fanno stare sulle spine (esami immi-

nenti, tesine da scrivere o da consegnare urgentemente, ecc.), il che può facilmente indurli ad una certa distrazione e passività, nemiche giurate della comunicazione. La prima difficoltà che dovrete affrontare ogni volta sarà dunque quella di destare e catturare la loro attenzione. Può inoltre capitare che il corso di italiano sia "schiacciato", poniamo, fra una lezione di inglese e una di economia: all'inizio dell'ora dovrete quindi "traghettare" i discenti verso i suoni e l'universo della lingua italiana. Tutto ciò non si può realizzare senza una buona dinamica di gruppo e una bella intesa fra docente e discenti, tanto più indispensabile in quanto lavorando con **UniversItalia 2.0 A1/A2** gli studenti dovranno collaborare fra di loro e con l'insegnante per andare insieme alla scoperta della lingua: se non funziona l'atmosfera, è difficile che funzioni l'apprendimento. È perciò consigliabile dedicare costante attenzione a questi aspetti, curando in modo particolare il primo approccio con la classe all'inizio del corso e le fasi di apertura e chiusura di ogni lezione.

Il primo approccio con la classe

Per i motivi appena illustrati, converrà investire del tempo per creare l'atmosfera e per dare modo alla classe di cominciare a trasformarsi da un insieme disordinato e anonimo di sconosciuti in un gruppo capace di fare "gioco di squadra". Tenete presente che potrebbero esserci molte matricole, magari al loro primo giorno di lezione e quindi forse un po' sperdute ed emozionate: se si troveranno bene all'università dipenderà anche dalla vostra accoglienza. Se possibile, cercate dunque di sistemare i banchi in modo tale che tutti possano vedersi in faccia.
Iniziate quindi con un saluto in italiano e poi presentatevi spiegando agli studenti, fra l'altro, dove e quando possono rintracciarvi (se avete un orario di ricevimento o no, ecc.) affinché capiscano subito che possono contare sul vostro aiuto. Formate quindi delle coppie o dei gruppetti ed invitate gli studenti a raccontare qualcosa di sé ai compagni, dicendo in particolare a quale corso di laurea sono iscritti, perché studiano l'italiano, quali altre lingue straniere conoscono, se sono già stati in Italia, ecc.
Potrete anche consegnare ad ogni gruppo un foglio in formato A3 ed un pennarello invitando gli studenti a scrivere le parole italiane che conoscono (specificando che l'ortografia non ha alcuna importanza). Lasciate ai gruppi una decina di minuti per parlare liberamente nella loro lingua madre o in una lingua franca. Alla fine chiedete ad ogni studente di presentare uno dei

compagni con cui ha parlato, cosa che vi permetterà di ottenere importanti informazioni sulla composizione della classe (se vi sono persone di diverse nazionalità, se si tratta di veri o falsi principianti, quali sono le aspettative, ecc.). Raccoglierete anche i fogli con le parole italiane e li appenderete in un punto dell'aula visibile a tutti, evidenziando nel contempo la "porzione" d'Italia che i discenti portano con sé: sarà questo il loro primo contributo alla buona riuscita del corso. Potrete poi presentarvi in italiano ed invitare gli studenti a fare altrettanto. Presentate poi il manuale, l'eserciziario, gli obiettivi didattici perseguiti e la metodologia.
È bene che gli studenti sappiano fin dall'inizio come si lavorerà in classe, ma al fine di evitare un lungo monologo vi converrà usare la prima unità per illustrare le modalità di esecuzione e lo scopo di ogni attività: è fondamentale che i discenti abbiano sempre chiaro che cosa devono fare e perché gli si propone una certa attività.

Per iniziare l'ora

Per i motivi citati più sopra è importante concedere agli studenti qualche minuto per "arrivare" al corso d'italiano anche mentalmente.
Questi minuti iniziali potranno essere dedicati, per esempio, ad un'attività rompighiaccio e ad un ripasso da fare in coppia in modo da riprendere il filo del discorso: gli studenti potranno rivedere insieme il contenuto dell'ultima lezione e gli esercizi svolti a casa, sciogliendo eventuali dubbi, eventualmente con l'aiuto dell'insegnante. Un effetto secondario di quest'attività è che l'insegnante, rispondendo alle richieste d'aiuto dei discenti, può instaurare un rapporto più diretto con i singoli anche se il gruppo è numeroso.
A seconda dei casi, si potranno anche formare delle coppie in cui uno studente presente all'ultima lezione metterà al corrente un compagno assente in quell'occasione.

Per chiudere

È consigliabile programmare i tempi di lavoro con una certa cura in base alle caratteristiche del gruppo in questione per evitare di lasciare delle attività in sospeso. Così come un'accoglienza iniziale, sarebbe bene prevedere anche un congedo, cioè una fase finale in cui si tirano le somme del lavoro svolto e si annuncia come si proseguirà la volta successiva.

1 Ciao, mi chiamo…

Tema: fare conoscenza.
Obiettivi comunicativi: salutare; presentare se stessi e gli altri; scambiarsi informazioni di genere personale (nazionalità, età, residenza, studi); chiedere il perché di una scelta e motivarla (chiedere e dire perché si studia l'italiano); compilare un formulario.
Elementi morfosintattici: pronomi personali soggetto al singolare; indicativo presente (singolare) dei verbi regolari, di alcuni irregolari (*essere, avere*) e del verbo *chiamarsi*; la negazione; le preposizioni *di, a, in, da, per*; le forme singolari di sostantivi, aggettivi e articoli (determinativi e indeterminativi); alcuni pronomi interrogativi (*come, dove, di dove, che cosa, quanti, perché, chi*).
Lessico: parole note in italiano; formule di saluto; corsi di laurea, facoltà e dipartimenti; nazioni e nazionalità; i numeri da 0 a 100.
Progetto: compilare un modulo di richiesta informazioni per un corso d'italiano in Italia; fare una statistica dei motivi per cui la classe studia l'italiano.

1. L'Italia per me è…

Obiettivi: Introdurre il tema principale del corso: l'Italia e la sua lingua; elicitare le preconoscenze degli studenti; introdurre formule utili in classe per chiedere come si dice una parola in italiano e la sua grafia.

Procedimento: Seguite le indicazioni del manuale e chiedete agli studenti di scrivere almeno tre parole che gli vengono in mente quando pensano all'Italia. Per aiutarli a sentirsi idealmente in Italia, dite loro di osservare le quattro foto di paesaggi e scenari italiani. Forse saranno stati in posti simili (o addirittura in questi) o avranno vissuto situazioni analoghe.
Se dovessero pensare a qualcosa che non sanno dire in italiano, spiegate, attraverso l'esempio fornito, come fare per ottenere la parola in italiano. Provate a dire il tutto in italiano, magari aiutandovi con la mimica, chiarendo eventuali dubbi nella lingua comune del corso. Cercate comunque di trasmettere l'informazione che la lingua veicolare del corso sarà l'italiano.
Per chiedere la grafia di una parola, gli studenti impareranno ad usare la funzione *Come si scrive?* (altre funzioni utili alla comunicazione in classe si trovano a p. 6). Ma per rispondere, o capire la risposta, sarà necessario che conoscano l'alfabeto italiano (nel manuale è a pagina 6). Perciò introducetelo ora.

Alla fine di questo punto sarà bene tematizzare la questione delle consegne in italiano, per tranquillizzare gli studenti spiegando loro il motivo e lo scopo di questa scelta e come affrontare tali consegne (dicendo, per esempio, che ricorrono sempre le stesse formule per cui ben presto le identificheranno da soli, che NON devono cercare di farne l'analisi linguistica, ecc.). Le foto di pagina 9 sono le prime di molte foto di paesaggi e scenari italiani che occupano la prima pagina (ma non solo) di ogni unità. Le foto si appellano all'immaginario emotivo degli studenti e li trasferiscono idealmente in un contesto italiano, servono a coinvolgerli e a motivarli e quasi sempre fanno parte integrante della prima attività dell'unità. Non ne trascurate la portata didattica e sfruttatene appieno le potenzialità.

▶II 2. Alla festa di Chiara

Trascrizione del dialogo:

- ● Scusa, ma tu sei un'amica di Chiara?
- ■ Sì. Anche tu?
- ● Beh, sì. Studio matematica come lei. E tu, che cosa studi?
- ■ Economia.
- ● E sei di Firenze?
- ■ No, non proprio di Firenze, sono di Prato. E tu, di dove sei?
- ● Io sono di Fabriano, in provincia di Ancona.
- ■ Ah... Ma abiti qua a Firenze?
- ● Sì, sì, ... ho un appartamento con un altro ragazzo, uno studente di medicina. Io mi chiamo Claudio. E tu, come ti chiami?
- ■ Stefi.

Obiettivo:

a.–c. Sviluppare la comprensione auditiva.

Procedimento:

a. Seguite le indicazioni del manuale. Fate lavorare gli studenti individualmente e poi fate controllare in coppia.
Perché gli studenti possano svolgere con profitto questo primo punto, è necessario che non vedano il dialogo trascritto al punto *b*. Perciò dite loro di coprirlo con un foglio e procedete con gli ascolti.

b. Dite agli studenti che ora potranno leggere il dialogo che hanno appena ascoltato. Solo le battute di Claudio sono però in ordine, quelle di Stefi sono in disordine. Gli studenti, in coppia, dovranno metterle in ordine, ricomponendo così il dialogo. Raccomandate loro di aiutarsi con le informazioni che possiedono già e di abituarsi a non pensare per singoli vocaboli bensì nel contesto, raccomandazione valida d'ora in poi per tutte le attività. Date qualche minuto (tre o quattro dovrebbero bastare) e poi procedete con il punto c.

c. Fate ora ascoltare la registrazione per controllare.
Per lo svolgimento dell'attività di ascolto si veda anche l'introduzione a p. 10 (Input orali – Indicazioni di metodo).

Soluzioni:
a. *Stefi, Prato, Economia; Claudio, Matematica*
b. Si veda la trascrizione del dialogo.

3. Ciao! Conoscete altre forme di saluto in italiano?

Obiettivi: Elicitare le preconoscenze degli studenti e presentare alcune forme di saluto.

Procedimento: Chiedete agli studenti di dirvi quali forme di saluto conoscono e scrivetele alla lavagna. Dovrebbero dirvi almeno: *buongiorno, buonasera, arrivederci*, forse anche *arrivederLa* e *buonanotte*. Se non dovessero arrivare dagli studenti, completate voi la lista. Scrivete le parole alla lavagna e chiedete agli studenti quando si usano le singole formule, ponendo l'accento sulla differenza del registro formale e informale.

4. Ritorno al testo

Questo primo *Ritorno al testo* presenta, per la prima volta nel manuale, un riquadro giallo. È importante che spieghiate agli studenti la funzione di tali riquadri, affinché siano chiari, sin dall'inizio e per il resto del corso, il come e il perché di un'analisi linguistica condotta in questo modo. A tal proposito si veda l'introduzione a p. 14 (Analisi linguistica – *Ritorno al testo*) e a p. 16 (Analisi linguistica – Funzione dei riquadri gialli).
Sotto al riquadro giallo compare, per la prima volta, un altro riquadro delineato da linee tratteggiate. Anche in questo caso, spiegatene la funzione

agli studenti. In proposito si veda l'introduzione a p. 16 (Analisi linguistica – Funzione dei riquadri delineati da linee tratteggiate).

Obiettivo:
a.–c. Tematizzare le prime due persone singolari (*io* e *tu*) dei verbi.

Procedimento:
a. Dite agli studenti di rileggere il dialogo al punto 2b e di sottolineare le parole che secondo loro sono verbi. Se è necessario fate un esempio.
b. Fate completare la tabella e controllate poi in plenum. Una volta completata la tabella, chiedete agli studenti di osservare le forme verbali che hanno appena scritto: quali sono le desinenze delle prime due persone singolari? Lasciate il tempo per riflettere e poi chiedete loro di scrivere le risposte nel riquadro delineato dalle linee gialle tratteggiate. Fate confrontare a coppie e poi controllate in plenum.
Lo specchietto in turchese (*desinenza* = *Endung*) è stato pensato per fornire agli studenti lo strumento necessario per capire la domanda formulata in italiano. In proposito si veda anche l'introduzione a p. 16 (Analisi linguistica – Funzione degli specchietti in turchese).

Soluzione:
b. Si veda la sintesi grammaticale alla fine dell'unità; *-o*; *-i*

5. Presentazioni

Obiettivo: Fissare le funzioni per indicare la provenienza e la residenza.

Procedimento: Dopo aver letto gli esempi e aver chiarito eventualmente cosa significa *ma*, fate svolgere l'attività, oralmente, a coppie (raccomandate agli studenti di esercitarsi a turno). Prima, però, fate soffermare gli studenti sullo specchietto in turchese, a destra della consegna, che illustra l'uso delle preposizioni *di* e *a*. Spiegate loro che la prima indica la città d'origine e la seconda indica la città dove si abita.
L'ultima figura, una *silhouette*, rappresenta lo studente stesso: qui prima dovrà scrivere i nomi delle due città e poi dire la frase. A questo punto probabilmente lo studente non conoscerà la versione in italiano (ammesso che esista) delle due città. In questo caso, se nessun altro la conoscerà, fornitela voi.

Soluzione: *Sono di Roma, ma abito a Monaco. Sono di Napoli e abito a Napoli. Sono di Torino, ma abito a Firenze. Sono di Venezia, ma abito a Bologna. Sono di Milano, ma abito a Londra.*

6. Che cosa studi?

Obiettivo: Presentare i corsi di laurea, le facoltà e i dipartimenti in Italia.

Procedimento: Seguite le indicazioni del manuale e chiedete agli studenti di sistematizzare il lessico fornito (corsi di laurea, facoltà e dipartimenti), inserendolo nei rispettivi ambiti tematici (qui vengono presentati i più frequenti, per una lista più completa fate riferimento a offf.miur.it).
Chiarite eventuali dubbi e chiedete agli studenti di cercare, tra quelli proposti, il proprio corso di laurea, facoltà o dipartimento. Se non dovessero trovarli, esortateli a chiederli (in italiano, naturalmente).
Fate comunque presente che non sempre i corsi di laurea, le facoltà o i dipartimenti corrispondono esattamente nelle diverse lingue e nazioni.

Soluzione: Area sanitaria: *Medicina e Chirurgia, Medicina veterinaria;* Area scientifica: *Disegno industriale, Informatica, Matematica, Ingegneria meccanica;* Area umanistica: *Filosofia, Storia, Lingue e letterature straniere;* Area sociale: *Scienze della comunicazione, Sociologia*

7. Mi chiamo

Obiettivi: Attivare le funzioni comunicative apprese fino a questo punto; sviluppare la competenza comunicativa orale.

Procedimento: Formate delle coppie e chiedete agli studenti di presentarsi al vicino usando i verbi della tabella al punto 4 e le espressioni apprese al punto 6.
Dopo aver ricordato che l'unico mezzo di comunicazione possibile è l'italiano ed aver fornito un esempio, lasciate gli studenti liberi di parlare.

8. Ritorno al testo

Obiettivi:
a.–b. Presentare la funzione comunicativa "fare conoscenza" ed alcuni pronomi interrogativi.

Procedimento:
a. Chiedete agli studenti di rileggere il dialogo del punto 2b e di sottolineare le domande.
b. Fate ora scrivere, negli spazi appositi, quelle domande che, secondo loro, si usano per fare conoscenza e chiedete poi di confrontare con un compagno. Alla fine controllate in plenum. Per lo svolgimento dell'attività si veda anche l'introduzione p. 14 (Analisi linguistica – *Ritorno al testo*).

Soluzione:
b. 2. *(E tu,) di dove sei?* 3. *Abiti qua a...?* 4. *Come ti chiami?*
Può darsi che qualche studente dia come soluzione del punto 3 *Dove abiti?*; in questo caso accettate naturalmente la proposta, aggiungendola a quella derivata dal dialogo.

9. E tu?

Obiettivi: Attivare le funzioni comunicative apprese al punto 8; sviluppare la competenza comunicativa orale.

Procedimento: Chiedete agli studenti di fare le domande del punto 8b a tre compagni diversi da quello con cui hanno lavorato al punto 7. Lasciateli liberi di parlare e dite loro di alzarsi e girare per la classe. Potete mettere una musica di sottofondo, che abbasserete quando gli studenti dovranno fermarsi e parlare.

10. Ritorno al testo

Obiettivo:
a.–b. Tematizzare gli articoli indeterminativi.

Procedimento:

a. Fate rileggere il dialogo del punto 2b, dite agli studenti di cercare gli articoli indeterminativi e di scriverli con i nomi che li accompagnano. Chiedete poi di definire il genere di questi sostantivi. Gli studenti dovranno osservare le forme dei sostantivi e dovranno scrivere la risposta nel riquadro delineato dalle linee gialle tratteggiate.
La trattazione del genere dei sostantivi in base alle desinenze verrà tematizzata al punto 19, ma già a questo punto gli studenti saranno in grado di darvi una risposta corretta. Seguirà un controllo in plenum.
Si veda l'introduzione a p. 16 (Analisi linguistica – Funzione dei riquadri delineati da linee tratteggiate).

b. Fate lavorare gli studenti a coppie e dite loro di completare la tabella. Alla fine controllate in plenum.
Per lo svolgimento di questa attività, di riflessione grammaticale, si veda anche l'introduzione a p. 14 (Analisi linguistica – *Ritorno al testo*) e a p. 16 (Analisi linguistica – Funzione dei riquadri gialli).

Soluzioni:

a. *un'amica (f.), un appartamento (m.), un altro ragazzo (m.), uno studente (m.)*

b. Si veda la sintesi grammaticale alla fine dell'unità.

11. Esercizio

Obiettivo: Fissare gli articoli indeterminativi.

Procedimento: Chiedete agli studenti di scrivere gli articoli indeterminativi davanti alle parole fornite dall'esercizio. Chiarite eventuali dubbi riguardo a vocaboli sconosciuti. Fate controllare prima in coppia e poi in plenum.

Soluzione: *un aeroporto, un'aula, una ragazza, una scuola, un libro, una studentessa, uno scandalo, un professore, un amico, un momento, una casa, un lavoro*

▶II 12. Intervista

Trascrizione del dialogo:

- Giuliana, tu fai l'insegnante, no?
- ■ Sì, faccio l'insegnante da una decina d'anni.

- E... che cosa insegni?
- Insegno italiano come lingua straniera all'università e francese nelle scuole medie e superiori.
- Ah, e dove?
- Insegno all'università La Sapienza e all'Università di Roma 3 e poi anche in un istituto privato.
- Quindi penso che i tuoi studenti sono stranieri, no?
- Sì, sì, quando insegno l'italiano sì.
- E dimmi, di solito di che nazionalità sono?
- Mah, la maggior parte spagnoli, tedeschi, portoghesi, ci sono francesi, belgi, olandesi, finlandesi, polacchi, e a volte anche lituani, turchi. Nella classe che ho in questo momento, per esempio, che è una bella classe di livello intermedio alto, ho una ragazza polacca che studia giurisprudenza e poi c'è una ragazza olandese che studia matematica, una ragazza tedesca che vive qui a Roma da cinque mesi e studia lettere antiche, poi... ho un ragazzo tedesco che studia architettura, una francese, sì, che studia fisica e tre portoghesi che studiano design industriale.
- E dimmi, l'età media qual è?
- Mah, va dai 20 ai 25 anni, a volte qualcuno ne ha di più.
- Un'altra domanda, questi studenti perché studiano l'italiano?
- Eh, perché sono a Roma con delle borse di studio, dei progetti comunitari che si chiamano "Erasmus" e "Socrates", devono sostenere degli esami in lingua italiana oppure scrivere delle tesine o, a volte, devono fare delle ricerche per le loro tesi.

Obiettivo:
a.–c. Sviluppare la comprensione auditiva.

Procedimento:
a. Seguite le indicazioni del manuale. Dite agli studenti che, per ora, devono soltanto decidere a quale, fra le tre foto, si riferisce l'intervista e fate partire la registrazione.
b. Fate ascoltare ancora l'intervista e chiedete agli studenti di rispondere alle tre domande a risposta multipla.
c. A questo punto dite agli studenti di confrontare in coppia e poi, dopo un ultimo ascolto, controllate in plenum.
Per lo svolgimento dell'attività di ascolto si veda anche l'introduzione a p. 10 (Input orali – Indicazioni di metodo).

Soluzioni:

a. 3

b. *Giuliana è insegnante. Lavora a Roma. L'età media degli studenti è 20 – 25 anni.*

▶II 13. Ritorno al testo

Obiettivo:

a.–e. Tematizzare gli aggettivi di nazionalità al singolare.

Procedimento:

a. Fate leggere la consegna e chiarite eventuali dubbi, poi fate ascoltare ancora una volta l'intervista del punto 12. Ma prima chiedete agli studenti di leggere gli aggettivi di nazionalità dati. Dopo un primo ascolto, chiedete agli studenti di confrontare in coppia. Se dovessero esserci divergenze, fate sentire l'intervista ancora una volta. Alla fine controllate in plenum.

b. Chiedete ora agli studenti di completare la tabella con gli aggettivi del punto *a*. Fate seguire un controllo in plenum in cui saranno gli studenti a leggere, in modo da chiarire eventuali problemi di pronuncia.

c. Seguite le indicazioni del manuale. Fate notare l'uso temporale della preposizione *da*.

d. A questo punto gli studenti sono chiamati a riflettere e a ricercare le regolarità della lingua. Date loro un po' di tempo per lo svolgimento del compito, poi fate seguire un controllo in plenum e la trattazione completa degli aggettivi, facendo riferimento alla sintesi grammaticale alla fine dell'unità.
Si veda anche l'introduzione a p. 14 (Analisi linguistica – *Ritorno al testo*) e a p. 16 (Analisi linguistica – Funzione dei riquadri gialli).

e. Fate completare agli studenti la lista e controllate poi in plenum.

Soluzioni:

a. *spagnolo, portoghese, polacco, tedesco, turco, francese, olandese*

b. *francese; inglese; portoghese; tedesco; olandese; polacco; spagnolo; italiano; russo; americano; turco; austriaco*

c. Si veda la trascrizione del dialogo al punto 12.

d. *una ragazza polacca; una ragazza olandese; un ragazzo tedesco, una ragazza tedesca*

e. *spagnola; russo; inglese; francese; americana; turco; italiana; portoghese*

14. Esercizio

Obiettivi: Fissare gli aggettivi di nazionalità; riprendere le forme conosciute e introdurre la terza persona del verbo *essere*.

Procedimento: Fate completare lo specchietto con le prime due forme del verbo *essere* (trattate al punto 4 di questa unità) e chiedete agli studenti di svolgere l'esercizio a coppie, alternandosi. Chiarite eventuali dubbi (probabilmente il verbo *descrivere*).

Soluzione: *Jan è olandese, di Amsterdam. Marianne è austriaca, di Linz. Iwan è russo, di Mosca. Maria è spagnola, di Salamanca. Peter è tedesco, di Colonia. Paul è francese, di Tolone. Amalia è portoghese, di Lisbona. Jasmin è turca, di Ankara. Joao è portoghese, di Coimbra.*

▶II 15. I numeri da 0 a 100

Obiettivi:

a.–b. Presentare i numeri da zero a cento;

c. Fissare i numeri e attivare la funzione comunicativa "chiedere il numero di telefono".

Procedimento:

a. Chiedete agli studenti di lavorare a coppie e di inserire i numeri dati nella lista. Anche se finora i numeri non sono stati trattati, l'attività risulterà fattibile, poiché si basa su preconoscenze normalmente comuni nel pubblico accademico.

b. Fate ascoltare la registrazione per un controllo e chiarite eventuali dubbi.
A questo punto, fate riflettere gli studenti sulla formazione dei numeri. Fate loro alcune domande a proposito dei numeri da 11 a 19 (*Che cosa notate con il suffisso -dici?, Vedete delle regolarità?*); fateli soffermare sui numeri 21, 28 e 23, evidenziati dallo specchietto in turchese (fateli riflettere sull'elisione della "i" in *ventuno* e *ventotto*, fategli notare anche l'accentazione della *e* in *ventitré* e dite loro che la *e* sarà accentata anche nelle decine successive al venti).
In proposito si veda anche l'introduzione a p. 16 (Analisi linguistica – Funzione degli specchietti in turchese).

c. Ora formate delle coppie e chiedete agli studenti di scambiarsi i propri numeri di telefono. In tal modo eserciteranno anche la funzione comunicativa "chiedere il numero di telefono", fornita dall'esempio.

16. Occhio alla lingua!

Obiettivi: Presentare, fissare e attivare la funzione comunicativa "chiedere l'età"; riprendere le forme conosciute e introdurre la terza persona singolare del verbo *avere*.

Procedimento: Fate leggere la vignetta e chiarite eventuali dubbi. Fate presente che normalmente nella risposta non si ripete il verbo. Chiedete di completare lo specchietto con le prime due forme del verbo *avere* (trattate al punto 4 di questa unità) e poi di fare la domanda a un compagno.
Si veda anche l'introduzione a p. 15 (Analisi linguistica – *Occhio alla lingua!*).

17. Perché studi l'italiano?

Obiettivi:
a.–b. Sviluppare la comprensione della lingua scritta e presentare le funzioni comunicative "chiedere il perché di qualcosa" e "motivare una scelta";
c. Fissare le funzioni appena incontrate;
d. Attivare le funzioni trattate ai punti precedenti; sviluppare la competenza comunicativa scritta.

Procedimento:
a. Dite agli studenti di leggere il testo e chiedete loro di completare il diagramma con le percentuali. Specificate che non è necessario che capiscano tutte le parole, ad una prima lettura basterà che riescano ad individuare gli elementi richiesti. Saranno sufficienti un paio di minuti, poiché il fatto di avere un compito ben preciso da svolgere porterà gli studenti a concentrarsi sulle informazioni sostanziali, senza soffermarsi su quei punti che saranno più oscuri. Quando gli studenti avranno finito, potete chiedere di confrontare i risultati con quelli di un compagno. Passate poi al punto successivo.

b. Chiedete ora agli studenti di leggere i quattro post e collegarli alle fotografie a destra. Anche in questo caso sollecitateli a non soffermarsi troppo sugli elementi oscuri e ricordate loro che, ad una prima lettura, basterà che riescano ad individuare quanto richiesto.
Prima di passare al punto *c* fate cercare nei post le formule che servono per chiedere il motivo di una scelta e per rispondere a tale domanda (*Perché? per + infinito / per + sostantivo / perché + verbo coniugato*).

c. Ora dite agli studenti di rileggere i post del punto *b* e chiedete loro di scrivere accanto ad agni post la motivazione (o le motivazioni) che riconoscono tra quelle citate al punto *a*, che quindi dovranno rileggere.
Questo punto ha una duplice funzione: chiede agli studenti di ritornare ai testi già letti, affidando loro nuovi compiti da svolgere, e consente di riprendere e fissare le funzioni comunicative appena trattate.
Quando gli studenti avranno finito, fate controllare in coppia, poi riportate l'attività in plenum e chiarite eventuali dubbi.

d. A questo punto invitate gli studenti a partecipare in prima persona al forum e a scrivere in un post i motivi per cui studiano l'italiano. Alla fine potete formare delle coppie o dei piccoli gruppi e chiedere di confrontare le rispettive motivazioni.
Coinvolgere gli studenti in prima persona vuol dire avvicinare l'attività da svolgere agli studenti, sollecitando in tal modo il loro interesse e quindi la loro attenzione.
Si veda anche l'introduzione a p. 12 (Input scritti – Indicazioni di metodo) e a p. 19 (Produzione scritta).

Soluzioni:

a. *56% tempo libero e interessi vari; 21% studio; 13% lavoro; 10% motivi personali e familiari*

b. *a 3; b 2; c 1; d 4*

c. a: *tempo libero e interessi vari, motivi personali e familiari*; b: *studio, lavoro*; c: *lavoro, tempo libero e interessi vari*; d: *tempo libero e interessi vari*

18. Ritorno al testo

Obiettivi:

a. Ripetere le desinenze dei verbi alla prima e seconda persona singolare e presentare le desinenze alla terza persona singolare;

b. Attivare le funzioni comunicative apprese fino a questo punto; sviluppare la competenza comunicativa orale.

Procedimento:

a. Chiedete agli studenti di scrivere nella tabella le forme verbali mancanti, cercandole nei testi al punto 17b, controllate poi in plenum.
Spiegate che in italiano esistono tre coniugazioni: la prima con desinenza all'infinito in *-are*; la seconda con desinenza in *-ere*; la terza con desinenza in *-ire*, le cui prime tre forme corrispondono a quelle della seconda coniugazione.
Per lo svolgimento del punto si veda anche l'introduzione a p. 14 (Analisi linguistica – *Ritorno al testo*).

b. Dite agli studenti di svolgere l'attività seguendo le indicazioni del manuale e basandosi sull'esempio fornito. Ma prima fateli soffermare sullo specchietto in turchese, che fornisce le formule utili per presentare qualcuno.
Si veda anche l'introduzione a p. 16 (Analisi linguistica – Funzione degli specchietti in turchese).

Soluzione: a. Si veda la sintesi grammaticale alla fine dell'unità.

19. Occhio alla lingua!

Obiettivi:

a. Trattare il genere dei sostantivi in base alle desinenze;
c.–d. Tematizzare gli articoli determinativi al singolare.

Procedimento:

a. Fate leggere le parole date e chiedete di svolgere il compito proposto. Controllate in plenum. Poi chiedete agli studenti di osservare le parole che hanno appena scritto nella tabella e dite loro di completare la regola relativa al genere dei sostantivi nel riquadro delineato dalle linee tratteggiate.

b. Seguite le indicazioni del manuale.

c. A questo punto formate delle coppie e fate scrivere la regola. Seguirà un controllo in plenum e l'approfondimento della regola facendo riferimento alla sintesi grammaticale alla fine dell'unità.
Per accertarvi che la regola sia chiara potete scrivere alcuni vocaboli alla lavagna e chiedere agli studenti di aggiungere gli articoli.

Per lo svolgimento del punto si veda anche l'introduzione a p. 15 (Analisi linguistica – *Occhio alla lingua!*) e a p. 16 (Analisi linguistica – Funzione dei riquadri gialli, Funzione dei riquadri delineati da linee tratteggiate).

Soluzioni:

a. maschili: *italiano, mondo, studio*; femminili: *indagine, cultura*; Una parola con la desinenza -*o* è normalmente *maschile*. Una parola con la desinenza -*a* è normalmente *femminile*.

b. maschili: *l'italiano, il mondo, lo studio*; femminili: *l'indagine, la cultura*

c. Si veda la sintesi grammaticale alla fine dell'unità.

20. Esercizio

Obiettivi: Fissare il lessico trattato in questa unità e gli articoli determinativi.

Procedimento: Seguite le indicazioni del manuale. In caso di dubbi l'insegnante rappresenta l'ultima istanza.

Progetto: Imparare l'italiano in Italia

Obiettivi: Attivare e fissare quanto appreso nell'unità attraverso la realizzazione di un progetto.
In questa unità gli studenti devono compilare un modulo di richiesta informazioni per frequentare un corso d'italiano in Italia e poi devono fare una statistica.

Procedimento: Questo è il primo degli otto progetti (alla fine delle otto unità) che gli studenti dovranno realizzare.
È importante sottolineare agli studenti le potenzialità della didattica per progetti, perché ne siano consapevoli e svolgano le attività al meglio.
Si tratta di situazioni di apprendimento concrete e operative, in cui gli studenti sono chiamati a collaborare, comunicare, assumersi delle responsabilità e prendere delle decisioni. La realizzazione di un progetto, inoltre, aiuta gli studenti a sviluppare la capacità di socializzare, lo spirito di autonomia e la creatività.

Per la realizzazione di questo primo progetto gli studenti:

a. Devono compilare individualmente un modulo di richiesta informazioni da presentare ad una scuola di lingue in Italia.

b. In un secondo momento devono confrontare, in piccoli gruppi, i rispettivi moduli e devono scambiarsi informazioni sul perché studiano l'italiano, qual è la città che hanno scelto, che tipo di corso preferiscono e perché.
Per lo svolgimento di questo punto e del successivo, gli studenti possono rifarsi direttamente al punto 17 di questa unità, che ha fornito loro gli strumenti linguistici per "chiedere il perché di qualcosa" e per "motivare una scelta".

c. Alla fine confrontano in plenum i risultati e fanno insieme una statistica: quali sono i tre motivi più frequenti che spingono la classe a studiare l'italiano? Qual è la città preferita dal gruppo?
Prima di dare il via all'attività, illustrate il progetto in ogni suo punto e dite agli studenti che voi siete a disposizione per qualsiasi dubbio o chiarimento.
Si veda anche l'introduzione a p. 8 (Struttura di un'unità – L'ultima pagina – Il progetto).

Tema: incontri; al bar.
Obiettivi comunicativi: chiedere a una persona come sta e rispondere a questa domanda; ordinare qualcosa in un bar; chiedere l'ora e rispondere; parlare delle proprie preferenze a colazione; chiedere e fornire informazioni.
Elementi morfosintattici: indicativo presente (singolare e plurale) dei verbi regolari e di alcuni irregolari (*stare, essere, avere, fare, bere*); i verbi in *-isc-*; la forma verbale *vorrei* per fare una richiesta cortese; le forme plurali di sostantivi, aggettivi e articoli determinativi; alcune preposizioni articolate (*a, da*); alcuni pronomi interrogativi (*che, quale*).
Lessico: i nomi di bevande e spuntini; l'ora; i giorni della settimana; alcuni alimenti relativi alla colazione.
Progetto: realizzare un sondaggio sulle preferenze della classe a colazione, valutarne i risultati e scrivere un profilo della classe.

▶II 1. Ho una fame!

Trascrizione del dialogo:
- ● Ciao, Marco!
- ■ Anna, ciao, come va?
- ● Non c'è male. E tu? Come stai?
- ■ Bene, bene. Tutto OK. Senti, hai voglia di prendere qualcosa al bar qui vicino?
- ● Mmm, che ora è?
- ■ L'una e venti.
- ● Beh, non ho molto tempo, perché alle due ho lezione...
- ■ Anch'io non ho molto tempo, devo andare in biblioteca e fare un sacco di cose. Ma ho una fame! Devo mangiare qualcosa perché non ho fatto colazione... Senti, perché non andiamo al bar dell'università? Lì hanno panini, pizzette, cose così, non c'è da aspettare. I panini sono veramente buoni, le pizzette anche.
- ● Va bene!

... ...
- ■ Tu che cosa prendi?
- ● Mah, io non ho molta fame, piuttosto ho sete.
- ▲ Prego!
- ● Per me una pizzetta e una bottiglia di acqua minerale grande.
- ▲ Naturale o gassata?

- ● Naturale.
- ■ Io prendo un panino con prosciutto crudo e formaggio e un caffè.
- ● Senta, posso avere due bicchieri? ... Uno anche per te...
- ■ Ah, grazie!
- ▲ Allora, una pizzetta, un panino con prosciutto crudo e formaggio, un caffè e una bottiglia di acqua minerale.

Obiettivi:

a. Entrare in tema ed elicitare le preconoscenze degli studenti;
b. Introdurre il lessico relativo all'ambito semantico *bar;*
c.–d. Sviluppare la comprensione auditiva.

Procedimento:

a. Questo esercizio, di attivazione delle conoscenze pregresse degli studenti, è pensato come momento introduttivo al tema del bar e al dialogo che segue. Le foto di questa prima pagina sono un elemento costitutivo dell'attività, che sfrutta l'input iconico per lavorare con il lessico.

b. Questo punto propone un esercizio di ampliamento del lessico (si veda l'introduzione, p. 17, Esercizi). In questo caso ci si avvale di mappe mentali che servono, per esempio, a raccogliere il lessico che riguarda un certo tema (qui: il bar) in maniera logica. Normalmente la mappa si costruisce in base alle associazioni mentali di ogni persona, è quindi soggettiva e rappresenta un ottimo sistema per raccogliere, archiviare e ripetere il lessico individualmente. In questa attività lo schema e il lessico sono in parte già dati e gli studenti sono chiamati a sistematizzare il lessico dato e ad aggiungerne altro.
Le mappe mentali sono strumenti utilissimi per apprendere e memorizzare il lessico, perciò spiegatene bene la funzione perché è importante che gli studenti ne capiscano e ne sfruttino fin da subito le potenzialità.

c.–d. Seguite le indicazioni del manuale.
Per poter rispondere alle domande del punto *d* gli studenti devono aver compreso il significato delle espressioni *avere fame* e *avere sete*. Perciò, prima di chiedere loro di rispondere, fateli soffermare sullo specchietto a destra esplicativo di tali funzioni.

Soluzioni:

a. Soluzioni possibili: *succo di frutta, caffè, acqua minerale, tramezzini, panini, pizzette...*

b. bevande: *acqua minerale, birra, aperitivo, caffè, vino, spritz, succo d'arancia*; spuntini: *panino, pizzetta, toast, cornetto, focaccia*
c. *Tre persone. Un ragazzo, una ragazza e un barista. Sono al bar. I due ragazzi ordinano qualcosa.*
d. 1. *I ragazzi vanno al bar.* 2. *Marco ha fame.* 3. *Anna ha sete.* 4. *Marco prende un panino con prosciutto crudo e formaggio e un caffè.* 5. *Anna prende una pizzetta e una bottiglia di acqua minerale naturale grande.*

Elementi di civiltà: Fate presente che molto spesso in Italia nei bar si deve fare lo scontrino alla cassa prima di consumare qualcosa al banco.

▶II 2. Tutto bene?

Obiettivi:
a. Presentare la funzione comunicativa "chiedere a una persona come sta e rispondere a questa domanda" e il verbo *stare*;
b. Fissare e ampliare le strutture appena apprese;
c. Attivare le strutture trattate ai punti *a* e *b*; sviluppare la competenza comunicativa orale.

Procedimento:
a. Seguite le indicazioni del manuale. Prima di passare al punto *b* fate soffermare gli studenti sullo specchietto giallo a destra che presenta la coniugazione del verbo *stare*.
b. Chiedete agli studenti di completare lo schema, cercando le parti che mancano nel dialogo al punto *a*, alla fine controllate in plenum. A questo punto gli studenti saranno in grado di svolgere il punto c. Fate presente che la domanda *Come stai?* funziona solo come forma confidenziale, mentre *Come va?* funziona anche come forma di cortesia.
c. Fate parlare gli studenti a coppie e cambiate più volte le coppie.

Soluzioni:
a. Si veda la trascrizione del dialogo al punto 1.
b. *Come va? Come stai? Bene! Non c'è male.*

▶II 3. Tu che cosa prendi?

Obiettivi:

a.–b. Presentare le funzioni comunicative "chiedere a qualcuno che cosa vuole mangiare o bere in un bar", "ordinare qualcosa", "chiedere qualcosa"; riprendere il singolare di *essere* e di *avere* e introdurre il plurale.

Procedimento:

a. Prima di dare inizio all'attività, fate leggere agli studenti le frasi, fornite in disordine dall'esercizio. Poi fate ascoltare il dialogo finché il testo non sarà ricostruito (alternando agli ascolti momenti di confronto in coppia). È possibile che gli studenti vi chiedano il significato delle forme *sono* oppure *hanno*, che non conoscono ancora. Dite loro che si tratta delle terze persone del plurale di *essere* e *avere* (trattati nell'unità 1), come riportato dai due specchietti gialli a destra.
Alla fine riportate l'attività in plenum.

b. Chiedete agli studenti di rileggere il testo che hanno ricostruito e di cercare le espressioni utili per "chiedere a qualcuno che cosa vuole mangiare o bere in un bar", "ordinare qualcosa", "chiedere qualcosa". Poi dite loro di scriverle nel riquadro delineato dalle linee tratteggiate. Alla fine controllate in plenum.

Soluzioni:

a. Si veda la trascrizione del dialogo al punto 1.

b. *Tu (che) cosa prendi?; Per me... / Io prendo...; Senta, posso avere...*

4. Ritorno al testo

Obiettivo: **a.–b.** Tematizzare le forme plurali dei sostantivi.

Procedimento:

a. Dite agli studenti di cercare le corrispondenti forme plurali dei sostantivi nel dialogo del punto 3, facendo presente di prestare attenzione alle desinenze.

b. Ora chiedete di scrivere la regola nel riquadro giallo. Alla fine controllate in plenum e fate soffermare gli studenti sulle due parole (*toast* e *caffè*) riportate dallo specchietto in turchese. Fate notare loro che, in entrambi i casi, il singolare è uguale al plurale e sollecitateli a trovarne una spiegazione nella morfologia delle due parole (potete chiedere se notano qualcosa di diverso nelle desinenze di queste due parole rispetto alle altre).

Soluzioni:
a. *panini; pizzette; bicchieri*
b. Si veda la sintesi grammaticale alla fine dell'unità.

5. Al bar

Obiettivo: Sviluppare le competenza comunicativa orale.

Procedimento: Dividete la classe in gruppi di tre o quattro. Spiegate la situazione e lasciate che gli studenti parlino liberamente. Accertatevi che avvenga uno scambio di ruoli.
Dite agli studenti che il listino serve solo per ordinare e prendere le ordinazioni e che non dovranno anche pagare.
Per lo svolgimento dell'attività si veda anche l'introduzione a p. 18 (Produzione orale).

6. Ritorno al testo

Obiettivi:
a.–b. Tematizzare il plurale degli articoli determinativi;
c. Riprendere gli aggettivi al singolare e presentare la concordanza degli aggettivi al plurale.

Procedimento:
a. Per prima cosa dite agli studenti di completare lo schema degli articoli determinativi al singolare (momento di ripasso delle forme già viste nell'unità 1). Poi ditegli di cercare le forme plurali degli articoli nel dialogo del punto 3.
b. A questo punto dite loro di ricostruire la regola completando la tabella. Poi controllate in plenum, facendo riferimento alla sintesi grammaticale alla fine dell'unità.
Per fissare meglio le regole appena trattate potete far svolgere in classe l'esercizio 5 a p. 130 dell'eserciziario.

c. Ora chiedete agli studenti di leggere le frasi, di riflettere sulle desinenze dei sostantivi e degli aggettivi (la concordanza sostantivo-aggettivo al singolare è già stata trattata nell'unità 1) e di completare lo schema a destra dell'esercizio.

Soluzioni:
a. *il panino – i panini; lo spritz – gli spritz; l'aperitivo – gli aperitivi; la pizzetta – le pizzette; l'aranciata – le aranciate*
b.–c. Si veda la sintesi grammaticale alla fine dell'unità.

7. Lessico

Obiettivi:
a. Introdurre nuovi aggettivi;
b.–c. Fissare la concordanza tra sostantivi e aggettivi al singolare e al plurale; ripetere gli articoli indeterminativi.

Procedimento:
a.–c. Seguite le indicazioni del manuale. Fate svolgere l'esercizio individualmente e poi fate controllare a coppie. Infine verificate in plenum.

Soluzioni:
a. *caldo / freddo; amaro / dolce; alcolico / analcolico; grande / piccolo*
b. Soluzioni possibili: *un aperitivo alcolico; un panino grande; un cornetto dolce; un succo di frutta freddo; una birra analcolica; un caffè amaro*
c. Soluzioni possibili: *un aperitivo alcolico, due aperitivi alcolici; un panino grande, due panini grandi; un cornetto dolce, due cornetti dolci; un succo di frutta freddo, due succhi di frutta freddi; una birra analcolica, due birre analcoliche; un caffè amaro, due caffè amari*

▶II 8. Le ore

Obiettivo: Introdurre la funzione comunicativa "chiedere l'ora".

Procedimento: Fate ascoltare più volte il brano fino a quando gli studenti avranno completato le lacune.

Poi chiedete agli studenti di rileggere il dialogo e di rispondere alla domanda nel riquadro delineato dalle linee tratteggiate. Seguirà un controllo in plenum e la definizione dei due modi possibili per chiedere l'ora.

Soluzione: Si veda la trascrizione del dialogo al punto 1; *Che ora è?*

9. Che ora è?

Obiettivo: a.–b. Introdurre le ore.

Procedimento:

a. Seguite le indicazioni del manuale. Dopo che gli studenti avranno svolto il compito, chiedete loro di rileggere le espressioni per indicare l'ora e fateli riflettere sul funzionamento delle stesse nella lingua italiana. Potete fare delle domande precise, come per esempio: *Cosa notate nell'uso dei verbi? E nell'uso degli articoli?*. Dategli alcuni minuti e poi raccogliete in plenum le risposte a cui sono arrivati, formulando così le regole.

b. Fate notare agli studenti che in contesti ufficiali, come forse anche nella loro lingua madre, il modo di esprimere l'ora differisce da quello visto al punto 9a. Fategli leggere il primo esempio e chiedetegli di scrivere le altre quattro espressioni. Alla fine controllate in plenum.

Soluzioni:

a. a: *è mezzogiorno/mezzanotte meno un quarto;* b: *è l'una;* c: *sono le quattro e un quarto;* d: *sono le due e dieci;* e: *sono le otto meno venti;* f: *sono le sei e trentacinque;* g: *è l'una e mezzo/a;* h: *sono le undici meno dieci;* i: *è mezzogiorno/mezzanotte*

b. *sono le sedici e quindici; sono le ventiquattro; sono le diciotto e quarantacinque; sono le ventuno e cinquanta*

10. A che ora?

Obiettivi:

a.–c. Presentare, fissare e attivare la funzione "chiedere a che ora".

Procedimento:

a. Chiedete agli studenti di leggere le due frasi tratte dal dialogo e dite loro di osservare le preposizioni articolate (*alle* e *dalle*) evidenziate in neretto e di cercare di risalire alle loro componenti. A tal fine fate notare lo specchietto giallo a destra dell'esercizio, che illustra il funzionamento delle preposizioni *a* e *da* con gli articoli *l'* e *le*. Richiamate anche l'attenzione degli studenti sull'uso dell'articolo nella funzione "dire l'ora", in modo tale che possano completare lo schema nel riquadro giallo. Date il tempo di svolgere l'esercizio e alla fine controllate in plenum.

b. Fate leggere i cartelli e rispondete, se necessario, a eventuali domande. Per comprendere i testi gli studenti hanno bisogno di conoscere i nomi dei giorni della settimana in italiano, perciò fate loro notare lo specchietto in turchese in alto a destra.
Potete far leggere ad alta voce i giorni della settimana e potete farli ripetere, a libro chiuso, per memorizzarli.
Fate soffermare gli studenti anche sullo specchietto che tematizza la differenza *la domenica / domenica*, ad indicare, nel primo caso, "tutte le domeniche (normalmente)" e, nel secondo caso, "una domenica in particolare (quella di cui si sta parlando)".
A questo punto dite di leggere l'esempio fornito in fondo alla pagina e, dopo esservi accertati che lo abbiano capito, fate svolgere l'esercizio. Fate lavorare gli studenti prima individualmente e poi in coppia e alla fine controllate in plenum.

c. Per svolgere questo esercizio, di produzione guidata orale, seguite le indicazioni del manuale e fate lavorare gli studenti in coppia, ma con un compagno diverso da quello con cui hanno lavorato al punto *b*.

Soluzione:

a. A che ora?: *all', alle;* Quando?: *all', dall', alle, dalle, alle*

▶II 11. Informazioni

Trascrizione del dialogo:

- ■ Buongiorno!
- ● Buongiorno!
- ■ Senta, io vorrei iscrivermi a questa università, sono una studentessa tedesca.

- Lei è una studentessa Erasmus?
- Sì.
- E che cosa studia?
- Ingegneria.
- Ha tutti i certificati?
- Sì, questo è il certificato della mia università, e questo è quello del mio professore.
- Va bene... Qual è il suo indirizzo qui a Pisa?
- Via Garibaldi 17.
- Sì, ... dunque può ritirare il libretto fra due settimane.
- Va bene... Senta, io vorrei anche alcune informazioni su questa università.
- Sì, se va sul nostro sito unipi.it trova tutto lì.
- Ci sono anche informazioni sulla biblioteca?
- Certo. Comunque, la biblioteca di ingegneria è in via Diotisalvi.
- Ah! Ed è aperta...?
- Dalle 8.00 alle 20.00, mi sembra.
- Va bene, grazie!
- Prego!

Obiettivo:
a.–b. Sviluppare la comprensione auditiva.

Procedimento:
a. Siamo in fase di comprensione globale e lo scopo delle domande è di aiutare gli studenti ad orientarsi nella comprensione del testo. Ad un primo ascolto non è richiesto di comprendere tutto; è sufficiente, in questo caso, capire dove si svolge la conversazione e chi ne sono i protagonisti.
b. Ora, in fase di comprensione più dettagliata, gli studenti cercheranno di completare la tabella. Potranno essere necessari più ascolti. Prima di procedere, accertatevi che abbiano capito la parola *indirizzo* (le altre sono conosciute). Concludete l'attività con un controllo finale.

Soluzione:
a. *Nella segreteria dell'università. Una studentessa e un'impiegata della segreteria.*
b. *tedesca; ingegneria; via Garibaldi 17*

▶II 12. Ritorno al testo

Obiettivo:
a.–b. Presentare le forme verbali usate per la forma di cortesia.

Procedimento:
a. Fate ascoltare il dialogo diverse volte. Dopo le prime volte fate fare un confronto a coppie. Fate seguire altri ascolti fino a quando vedrete che le lacune sono state riempite. Finite con un controllo in plenum, eventualmente potete anche scrivere le domande alla lavagna.
b. Questo punto è visto come momento di riflessione linguistica. Conoscendo le coniugazioni dei verbi, gli studenti saranno in grado di dare la risposta.

Soluzioni:
a. Si veda la trascrizione del dialogo al punto 11.
b. *La terza persona singolare.*

13. Cambiate identità!

Obiettivi: Fissare la funzione linguistica "fare domande nella forma di cortesia"; sviluppare la competenza comunicativa orale.

Procedimento: Chiedete agli studenti di guardare le fotografie e domandate se le parole *piazza, vicolo, corso, via* sono chiare. Probabilmente ci sarà bisogno di qualche spiegazione.
In seguito esortateli a costruirsi una nuova identità italiana inventando nome, cognome e indirizzo (via, città, numero di telefono). In un secondo tempo dite loro di scoprire l'identità del vicino ponendogli le domande (nella forma di cortesia) viste al punto 12 di questa unità e ai punti 8 e 15 dell'unità 1.
Esercizi come questo consentono agli studenti di uscire da se stessi assumendo una nuova identità, li tranquillizzano e li proteggono dal rischio di perdere la faccia.

14. Occhio alla lingua!

Obiettivo: Tematizzare la forma *vorrei* per esprimere una richiesta cortese.

Procedimento: Fate leggere agli studenti le frasi tratte dal dialogo e chiedete loro di rispondere alla domanda formulata nel riquadro delineato dalle linee tratteggiate (Da che cosa è seguita la forma *vorrei*?). Alla fine controllate in plenum.
In questo punto viene presentato anche l'uso di *Senti!/Senta!*, evidenziato nello specchietto in turchese. Fatelo notare agli studenti ed eventualmente chiedete se e quando l'hanno già sentito (era nel dialogo del punto 1).

Soluzione: *vorrei + verbo all'infinito; vorrei + sostantivo al singolare o al plurale*

15. I pasti degli italiani

Obiettivi:
- **a.** Introdurre il lessico relativo ai pasti;
- **b.–c.** Sviluppare la comprensione della lingua scritta; introdurre e fissare il lessico relativo all'ambito semantico *colazione*;
- **d.** Riflettere sulle abitudini a colazione del proprio Paese e confrontarle con quelle degli italiani.

Procedimento:
- **a.** Seguite le indicazioni del manuale, lasciate il tempo agli studenti di svolgere il compito e rispondete alle eventuali domande. Fate notare che gli orari del pranzo e della cena, in Italia, sono spostati in avanti rispetto, per esempio, alla Germania.
- **b.** Prima di iniziare l'attività, dite agli studenti che ad una prima lettura non è necessario che capiscano dettagliatamente il testo, dovranno piuttosto scorrerlo velocemente alla ricerca di elementi utili allo svolgimento di alcuni compiti.
  In questo caso, gli studenti dovranno trovare nel testo il lessico relativo alla colazione e scriverlo sotto alle foto corrispondenti, ma devono fare attenzione, perché tra le foto ce n'è una in più (il burro al punto 4). Lasciate che gli studenti svolgano l'attività di ricerca e diano la soluzione, poi fornite voi la parola *burro* che non compare nel testo.

Seguite le indicazioni del manuale, lasciate che gli studenti lavorino individualmente e poi in coppia. Alla fine controllate in plenum.
L'attività di abbinamento lingua – immagine, proposta in questo punto, è un utile strumento a disposizione degli studenti per sviluppare la competenza lessicale, poiché l'input iconico abbinato alla lingua semplifica la comprensione e favorisce la memorizzazione.

c. Seguite le indicazioni del manuale, fate lavorare gli studenti individualmente e poi in coppia e alla fine controllate in plenum.
Completare una tabella è un'altra delle strategie di apprendimento e memorizzazione del nuovo lessico.

d. Seguite le indicazioni del manuale e fate lavorare gli studenti con un compagno diverso da quello con cui hanno lavorato al punto precedente.
Questa attività consente agli studenti di confrontare le abitudini a colazione in Italia e nel loro Paese e, per come è strutturata, consente anche di ampliare il lessico relativo all'ambito semantico trattato.

Soluzioni:

a. 1. *colazione – fare colazione;* 2. *pranzo – pranzare;* 3. *merenda – fare merenda;* 4. *cena – cenare*

b. 1. *yogurt;* 2. *cereali e muesli;* 3. *marmellata;* 4. *burro;* 5. *cornetto;* 6. *miele;* 7. *fette biscottate;* 8. *biscotti;* 9. *pane;* 10. *frutta fresca; disegno in più: burro*

c. alimenti: *biscotti, fette biscottate, pane con o senza marmellata, miele e Nutella, cereali e muesli, cornetti, yogurt, frutta fresca;* bevande: *latte, caffè, caffellatte, cappuccino, tè*

16. Ritorno al testo

Obiettivi:

a.–d. Introdurre le forme plurali dei verbi e riprendere quelle singolari.

Procedimento:

a. Dite agli studenti di rileggere il testo del punto 15 e di sottolineare tutte le parole che secondo loro sono forme di verbi al plurale. Se lo ritenete opportuno, date un esempio. Fate svolgere il compito e poi controllate in plenum.

b. Ora chiedete di completare la tabella prima con le forme trovate nel testo e poi con le rimanenti forme trattate nell'unità 1.

c.–d. Questi due punti chiedono agli studenti di riflettere sulle regolarità della lingua. Date loro un po' di tempo per lo svolgimento del punto *c* e poi controllate in plenum. Fate poi la domanda del punto *d*, accompagnando l'espressione *fra parentesi* con un gesto, in modo che sia chiara. Alla fine trattate per intero la flessione dei verbi all'indicativo presente, facendo riferimento alla sintesi grammaticale alla fine dell'unità.

Soluzioni:
a. *preferiscono; fanno; prendono; mangiano; scopriamo; sono; seguono; troviamo*
b. Si veda la sintesi grammaticale alla fine dell'unità.
c. *io (-o), tu (-i), noi (-iamo)*
d. Si veda la sintesi grammaticale alla fine dell'unità.

17. Esercizio

Obiettivi: Ripetere e fissare la coniugazione dei verbi (regolari e alcuni irregolari) al presente indicativo.

Procedimento: Seguite le indicazioni del manuale.

Soluzione: io: *chiudo, mi chiamo, faccio, mangio*; tu: *ti chiami, trovi, abiti, vivi*; lui/lei: *è, fa, mangia, ha*; noi: *beviamo, abbiamo, abitiamo, viviamo*; voi: *prendete, studiate, scoprite, fate*; loro: *hanno, fanno, aprono, chiudono*

18. Esercizio

Obiettivo: Attivare la coniugazione dei verbi al presente indicativo.

Procedimento: Seguite le indicazioni del manuale.

Soluzione: *È, è, incontra, ha, ha, Decidono, hanno, prende, ordina*

19. E voi?

Obiettivo: Sviluppare la competenza comunicativa orale.

Procedimento: Chiedete agli studenti di lavorare a coppie, accertatevi che il compito sia chiaro e lasciate che parlino liberamente.

20. Occhio alla lingua!

Obiettivi:
a.–b. Tematizzare e fissare i verbi in *-ire* con ampliamento tematico in *-isc-*.

Procedimento:
a. Fate leggere le frasi e, in seguito, la coniugazione di *preferire*. Chiedete poi agli studenti di confrontare questo verbo con *scoprire* (visto al punto 16): cercheranno di determinare le differenze. Alla fine parlatene in plenum.
Contestualmente fate notare agli studenti lo specchietto in turchese a destra che riporta altri verbi in *-ire* con ampliamento tematico in *-isc-*.
b. Seguite le indicazioni del manuale.

21. Con o senza?

Obiettivi: Informarsi sulle preferenze degli altri e parlare delle proprie; attivare la coniugazione dei verbi in *-isc-* e il lessico appreso in questa unità; sviluppare le competenza comunicativa orale.

Procedimento: Seguite le indicazioni del manuale.
Anche questo esercizio si avvale delle immagini a scopo didattico: l'immagine richiama alla mente dello studente la parola corrispondente, che non gli è stata volutamente fornita, chiedendogli di sforzarsi per ricordarla.

Soluzione: *Preferisci il caffè con o senza zucchero? Preferisci il tè con o senza latte? Preferisci il succo d'arancia con o senza ghiaccio? Preferisci le fette biscottate con o senza marmellata? ecc.*

Progetto: La colazione della classe – un sondaggio

Obiettivi: Attivare e fissare quanto appreso nell'unità attraverso la realizzazione di un progetto.
In questa unità gli studenti devono realizzare un sondaggio sulle preferenze della classe a colazione, valutarne i risultati e scrivere un profilo della classe.

Procedimento: Per la realizzazione di questo progetto gli studenti:

a. Devono completare una tabella sulle proprie preferenze a colazione.

b. Poi, in piccoli gruppi, devono scambiarsi le informazioni sulle rispettive preferenze a colazione e compilare una tabella con le preferenze del gruppo.

c. Quindi i gruppi devono relazionare alla classe circa i propri i gusti e abitudini a colazione.

d. Alla fine gli studenti devono scrivere un profilo della colazione della classe.

Prima di dare il via all'attività, illustrate il progetto in ogni suo punto e dite agli studenti che voi siete a disposizione per qualsiasi dubbio o chiarimento.

Si veda anche l'introduzione a p. 8 (Struttura di un'unità – L'ultima pagina – Il progetto).

3 Com'è la tua giornata?

Tema: vita quotidiana e tempo libero.
Obiettivi comunicativi: parlare di attività quotidiane e del tempo libero; descrivere abitudini; esprimere gusti e preferenze; indicare la frequenza con cui si fa qualcosa; parlare di ciò che si possiede.
Elementi morfosintattici: i verbi riflessivi; il presente di alcuni verbi irregolari (*andare, dare, uscire, rimanere e venire*); i verbi modali *potere, dovere, volere*; il verbo *esserci*; la doppia negazione *non... mai*; il verbo *andare* + le preposizioni *a/al/in*; il verbo *piacere*; i pronomi oggetto indiretto atoni; gli aggettivi possessivi; la formazione del plurale dei sostantivi in *-ca/-ga* e *-co/-go*.
Lessico: le parti del giorno; le attività quotidiane; gli avverbi di frequenza *sempre, spesso, a volte, raramente, non... mai*.
Progetto: intervistare i compagni sulle abitudini durante il fine settimana. Stabilire chi, nel gruppo, è attivo, studioso o casalingo.

1. Com'è la vita di uno studente universitario?

Obiettivi:

a. Entrare in tema; introdurre il lessico relativo all'ambito semantico *vita quotidiana*; introdurre la lettura al punto *b*;
b. Sviluppare la comprensione della lingua scritta.

Procedimento:

a. Questa attività di apertura assolve a più di una funzione: introduce il tema dell'unità e fornisce lessico utile a trattarlo, ma si propone anche come attività di pre-lettura e, per come è strutturata, fornisce utili strategie di apprendimento e memorizzazione del nuovo lessico. Fa ricorso ad una tecnica di tipo associativo, quando chiede agli studenti di raggruppare il lessico fornito per completare lo schema, e sfrutta anche lo stimolo visivo offerto dalle foto, quando chiede loro di stabilire un collegamento fra lessico e foto.
b. Ribadite agli studenti il giusto metodo per affrontare la lettura di un testo (come avete già fatto al punto 17 dell'unità 1 e al punto 15 dell'unità 2) e dite loro che ad una prima lettura non è necessario che capiscano tutte le parole, poiché per orientarsi in un testo e svolgere i primi semplici compiti (in questo caso collegare le foto ai post) non serve capire proprio tutto da cima a fondo.

Perciò date un tempo per la prima lettura (3–4 minuti saranno sufficienti) e poi fate seguire un confronto a coppie. Alla fine controllate in plenum.
Anche in questo caso, all'elemento testuale si affianca l'elemento iconico delle foto. Ne ribadiamo l'importanza didattica: cattura l'interesse e l'attenzione, supporta la comprensione e la memorizzazione.

Soluzioni:

a. andare: *a dormire, a lezione, in bagno;* fare: *quattro chiacchiere, colazione, la fila, sport;* farsi: *la barba, la doccia* (si può accettare anche *fare la doccia*); Quali espressioni corrispondono alle foto?: *fare quattro chiacchiere, farsi la barba, fare la fila*

b. Soluzioni possibili: *Daniele:* 5; *Alessio:* 2, 3; *Francesca:* 4, 1

2. Occhio alla lingua!

Obiettivo: Tematizzare i verbi riflessivi.

Procedimento:

a. Fate leggere le frasi e fate completare la tabella. Dopo averla controllata in plenum, per approfondire il tema, potrete far svolgere in classe l'esercizio 4 a p. 138 dell'eserciziario. Contestualmente potrete parlare dei verbi che hanno una forma attiva e una forma riflessiva (come *svegliare/svegliarsi*), della forma reciproca (come *trovarsi con gli amici*) e delle forme riflessive "di vantaggio" e "d'affetto" (come *farsi il caffè*). Tutti questi elementi preparano l'attività 3.
Inoltre, nello svolgere l'esercizio 4 dell'eserciziario gli studenti incontreranno il verbo *vedere/vedersi*. Fate presente che, anche per i riflessivi, ci sono tre coniugazioni. In proposito, potete far riferimento alla sintesi grammaticale alla fine dell'unità.

b. Questo punto introduce l'elemento della sfida. Chiedere agli studenti di svolgere un compito facendone una sfida vuol dire dirottare la loro attenzione sul raggiungimento del risultato (vincere la sfida), consentendo loro di imparare senza accorgersene.

c. Seguite le indicazioni del manuale e fate lavorare gli studenti con compagni diversi da quelli con cui hanno lavorato al punto *b*.

Soluzioni:

a. Si veda la sintesi grammaticale alla fine dell'unità.

b. Alessio: *farsi la barba, farsi la doccia, lavarsi i capelli, annoiarsi;* Francesca: *incontrarsi, trovarsi*

3. Di solito...

Obiettivi: Esercitare l'uso dei verbi riflessivi e approfondire la conoscenza fra compagni.

Procedimento: Dopo aver spiegato il titolo, fate leggere il questionario e chiarite eventuali dubbi lessicali. Eventualmente fate notare che l'espressione *la sera* (nr. 4), che compare anche nei post di Alessio e Francesca (punto 1b), può esser resa anche con la preposizione *di* (*di sera*). Lasciate quindi che gli studenti compilino il questionario individualmente, specificando che se nessuna delle opzioni proposte gli si confà, ognuno può aggiungere delle risposte. Dopo un paio di minuti invitate gli studenti ad alzarsi e ad intervistare i compagni segnandosi i nomi di quelli che hanno abitudini simili alle loro. Quando tutti saranno tornati al loro posto, potrete chiedere ad alcuni studenti quale sia il compagno che gli assomiglia di più.
Se lo ritenete opportuno, potete fornire agli studenti la struttura per fare le domande, ad esempio *Quando suona la sveglia io... E tu, che cosa fai quando suona la sveglia?*

4. Ritorno al testo

Obiettivi:

a. Ripetere e fissare il lessico utile per parlare di attività quotidiane; tematizzare i verbi irregolari *andare, dare* e *uscire;*

b. Elicitare le preconoscenze degli studenti.

Procedimento:

a. Dite agli studenti di completare individualmente le minimappe; lasciate un paio di minuti di tempo, poi confrontate in plenum.
Per svolgere il compito, gli studenti devono pensare alle proprie abitudini e quindi devono costruire le mappe in base alle proprie associazioni

mentali. Queste mappe saranno quindi soggettive e rappresenteranno un ottimo sistema per raccogliere e ripetere il lessico.
Per svolgere l'attività sarà bene che facciate notare agli studenti gli specchietti a destra, che forniscono parte del lessico utile per parlare di attività quotidiane: quelli gialli evidenziano la coniugazione dei verbi irregolari *andare, dare, uscire* (chiedete agli studenti se ne conoscono il significato, se non lo conoscono fornitelo voi) e quello in turchese evidenzia i nomi delle parti del giorno in italiano.

b. Ora gli studenti devono aggiungere alle mappe altro lessico utile per descrivere la vita di tutti i giorni. Se non ne conoscono la traduzione in italiano, fornitela voi. Alla fine riportate l'attività in plenum.

5. La mia "giornata tipo"

Obiettivo: Sviluppare la competenza comunicativa orale.

Procedimento: Seguite le indicazioni del manuale e fate lavorare gli studenti a gruppi di tre.
Anche in questa attività, come al punto 2b, è stata inserita la componente della sfida (gli studenti devono scoprire le rispettive bugie), per rendere più avvincente e stimolante l'attività.

6. Occhio alla lingua!

Obiettivo:
a.–c. Tematizzare i verbi modali *potere, dovere, volere*.

Procedimento:
a.–c. Seguite le indicazioni del manuale.

Soluzioni:
a. Si veda la sintesi grammaticale alla fine dell'unità.
c. I verbi *potere, dovere, volere* sono seguiti dall'infinito.

7. Messaggi

Obiettivi: Esercitare e fissare i verbi modali *potere, dovere, volere*.

Procedimento: Fate leggere la consegna ed accertatevi che il compito sia chiaro. Fate svolgere l'esercizio individualmente, poi fate confrontare in coppia e infine controllate in plenum per chiarire le alternative possibili.

Soluzione: (dall'alto in basso, da sinistra a destra) *volete, voglio / dobbiamo; vuole / deve; vogliamo, dobbiamo / possiamo; puoi, posso, devo*

8. Oggi...

Obiettivo: Attivare i verbi modali *potere, dovere, volere*.

Procedimento: Seguite le indicazioni del manuale.
Questo esercizio, come molti altri del manuale, riconduce il tema all'esperienza personale degli studenti, rendendolo più interessante.

9. Occhio alla lingua!

Obiettivi:

a. Tematizzare le forme *c'è* e *ci sono*;
b. Fissare le forme appena trattate;
c. Riflettere sulla differenza fra *essere* ed *esserci*;
d. Attivare le due forme verbali *essere* ed *esserci*.

Procedimento:

a. Chiedete agli studenti di leggere le frasi tratte dai post di p. 34, di riflettere sul diverso uso di *c'è* e *ci sono* e di completare la regola, rispondendo alle domande nel riquadro delineato da linee tratteggiate. Fate seguire un controllo in plenum.
b. Date 30 secondi di tempo. Gli studenti devono osservare il contenuto del frigorifero e cercare di memorizzare il maggior numero di oggetti. Fate chiudere il libro e formate le coppie: chi si ricorda più cose?

Gli studenti dovrebbero conoscere (già dall'unità 2) i nomi delle cose contenute nel frigorifero, ma se lo ritenete opportuno, prima di dare il via all'attività, potete ripassarli in plenum.
Raccomandate agli studenti di usare, dove possibile, la parola *bottiglia*, che conoscono già dall'unità 2, mentre negli altri casi può bastare il nome dell'alimento con l'articolo determinativo.

c. Chiedete agli studenti di leggere le frasi riportate e di rispondere alla domanda. Se la differenza non fosse chiara, potete fare altri esempi, magari scrivendoli alla lavagna.
d. A questo punto gli studenti devono completare le frasi inserendo le forme corrette. Seguirà un controllo in plenum.

Soluzioni:
a. *Si usa "c'è" con i nomi o espressioni al singolare, si usa "ci sono" con i nomi o espressioni al plurale.*
b. *burro, acqua, yogurt, marmellata, miele, birra, vino, succo di frutta, latte*
d. *1: sono, c'è, ci sono; 2: c'è, è; 3. è, ci sono; 4: ci sono, sono, c'è*

10. Occhio alla lingua!

Obiettivi:
a. Introdurre gli avverbi di frequenza;
b. Introdurre la doppia negazione;
c. Esercitare e fissare gli avverbi di frequenza.

Procedimento:
a. Fate svolgere l'attività individualmente, poi fate confrontare con un compagno e infine controllate in plenum.
b. Ora chiedete agli studenti di osservare una delle frasi del punto 10a, quella con il *mai*. Che cosa notano? Fate lavorare gli studenti in coppia e poi riportate la riflessione in plenum.
Potrete poi aggiungere che ciò che vale per *mai* vale anche per *niente*, *nessuno*, *nemmeno*, come precisato nella sintesi grammaticale alla fine dell'unità.
c. Seguite le indicazioni del manuale. Fate svolgere individualmente, poi fate confrontare con un compagno (diverso da quello dei punti *a* e *b*) e infine controllate in plenum.

A questo punto gli studenti avranno sicuramente delle domande sulla posizione delle espressioni di frequenza nella frase. Partendo dalle frasi fornite dal manuale (potete scriverle alla lavagna), dite loro che l'avverbio si trova di solito vicino alla parola o al gruppo di parole a cui si riferisce e generalmente si colloca dopo il verbo (*a volte* si trova però perlopiù a inizio frase o prima del verbo). L'inversione avverbio + verbo viene fatta (ad eccezione di *sempre*) per motivi di enfasi, per porre l'accento sulla frequenza.

Soluzioni:

a. *sempre, spesso, a volte, raramente, mai*

c. Soluzioni possibili: 1. *La mattina si alza sempre presto.* 2. *Non fa mai colazione.* 3. *A volte alle otto prende l'autobus, ma spesso va all'università in bicicletta.* 4. *Raramente il pomeriggio resta a studiare in biblioteca.* 5. *La sera spesso cucina qualcosa.* 6. *Non va mai al ristorante.*

11. E tu?

Obiettivo: Attivare gli avverbi di frequenza appena introdotti.

Procedimento: Seguite le indicazioni del manuale.
È possibile che gli studenti vi chiedano il significato della forma verbale *rimango* (che compare nella frase 6). Rispondete dicendo che si tratta di un verbo irregolare (*rimanere*) e fornitene il significato. Nel rispondere attirate la loro attenzione sullo specchietto giallo a destra che ne riporta la coniugazione.

12. Rispondiamo!

Obiettivo: Sviluppare la competenza comunicativa scritta.

Procedimento: Fate lavorare gli studenti in gruppi di tre e chiedete loro di rispondere al post di Daniele (punto 1b).
Nella consegna è previsto che i gruppi, dopo aver letto tutte le risposte, scelgano la migliore. Questa componente verrà accolta come una sfida, che spingerà gli studenti a dare il meglio di sé. Perciò sottolineatela nel presentare loro l'attività.

Nell'introdurre l'attività, ricordate agli studenti che scrivere non è facile e date loro delle indicazioni di metodo. La produzione scritta, in una lingua straniera ma anche in lingua madre, si volge secondo un percorso scomponibile in tre fasi. La prima fase è la fase della raccolta delle idee, nella quale gli studenti si possono avvalere, per esempio, delle mappe mentali. La seconda fase è quella della progettazione del testo, nella quale le idee raccolte nella prima fase vengono ordinate in una scaletta, che darà coerenza e dovrà sorreggere il testo. La terza fase è quella della realizzazione del testo.
Per lo svolgimento dell'attività si veda anche l'introduzione a p. 19 (Produzione scritta).

13. Lessico

Obiettivi:

a. Tematizzare il verbo *andare* con le preposizioni *al*, *in*, *a*;
b. Fissare le strutture appena trattate e gli avverbi di frequenza visti ai punti 10 e 11.

Procedimento:

a.–b. Seguite le indicazioni del manuale.
Questo punto consente agli studenti di integrare nuovi contenuti (le strutture *andare + al, in, a*) con elementi già trattati (gli avverbi di frequenza).
Una simile organizzazione (a spirale) delle attività e dei contenuti agevola la costruzione del sapere e consente agli studenti di ritornare su temi già noti arricchendoli con nuovi elementi.
Se lo ritenete opportuno, per far riflettere gli studenti sulle strutture appena trattate, alla fine di questo punto potete far svolgere l'esercizio 13 a p. 141 dell'eserciziario.

Soluzione:

a. al: *mare;* in: *montagna, discoteca;* a: *fare sport, teatro, un concerto*

▶II 14. Hai voglia di venire?

Trascrizione del dialogo:

- Ciao, Enrico! Come stai?
- ■ Ehi, Elena! Bene! Senti, ti piace Fabri Fibra?
- Se mi piace? Lo adoro!
- ■ Senti, ho tre biglietti per il concerto di sabato, io e Marta volevamo andarci con Luca, ma lui non può venire... Hai voglia di venire tu?
- Quindi hai un biglietto in più?
- ■ Sì, hai voglia di venire?
- Certo!
- ■ Però ho solo un biglietto in più. E il tuo ragazzo?
- Federico? No, no, non preoccuparti, non gli piacciono i concerti di questo genere.
- ■ Ah!
- Gli piace suonare il piano, va più a concerti di musica classica, sai...
- ■ Ah, capisco. Beh, allora non andate mai insieme a un concerto!
- No, no, a volte andiamo insieme a un concerto di musica classica, ma più spesso a quelli di musica jazz.
- ■ Ah, allora andate spesso...?
- Beh, no, in realtà non molto spesso. E voi?
- ■ Anche noi raramente, prima di tutto perché i biglietti sono quasi sempre molto cari e poi quando abbiamo tempo ci piace uscire con i nostri amici...
- Ma senti, come facciamo per il biglietto?
- ■ Allora, il concerto è sabato, comincia alle otto, è all'Auditorium.
- OK...
- ■ Possiamo incontrarci davanti...

Obiettivo:

a.–b. Sviluppare la comprensione auditiva.

Procedimento:

a.–b. Seguite le indicazioni del manuale, ma prima di far ascoltare il dialogo, chiedete agli studenti di leggere il titolo dell'attività nel quale compare il verbo *venire*. Nel caso in cui non lo conoscessero, spiegatene il significato e dite loro di guardare lo specchietto giallo a destra che ne presenta la coniugazione.

Soluzioni:

a. *Due persone. Parlano del concerto di Fabri Fibra e di gusti musicali.*

b. 1. *Enrico, Marta e Elena.* 2. *Sabato.* 3. *Alle otto.*

15. Occhio alla lingua!

Obiettivi:

a.–b. Introdurre e attivare il verbo *piacere*.

Procedimento:

a. Seguite le indicazioni del manuale.

b. Questo esercizio consente agli studenti di esercitarsi nell'uso del verbo *piacere* e di manifestare le proprie preferenze riguardo alle attività che si svolgono in un corso di lingua. Ma è anche, per gli insegnanti, l'occasione per conoscere meglio abitudini, esigenze e gusti della classe. Perciò sfruttatene fino in fondo le potenzialità e dedicategli tutto il tempo necessario.

Dopo aver fatto lavorare gli studenti individualmente e a coppie, potete formare dei piccoli gruppi, lasciare alcuni minuti per la discussione, e poi riportare la discussione in plenum. Eventualmente, potete chiedere ad un rappresentante per gruppo di riferirvi i risultati (di cui vi converrà prender nota).

Prendendo spunto dalle motivazioni addotte, potrete anche chiarire meglio lo scopo di determinate attività previste dal manuale. A seconda di ciò che verrà detto, potrete infine porre ulteriori domande per ricavare informazioni che vi aiutino ad organizzare sempre meglio il lavoro con la classe.

Se gli studenti dovessero chiedervi spiegazioni riguardo al pronome *mi*, ditegli di avere pazienza perché verrà trattato (con gli altri pronomi indiretti atoni) al punto 16 di questa unità.

Prima di passare al punto successivo, fate soffermare gli studenti sul termine *giochi* e chiedete qual è il singolare. Vi risponderanno *gioco* e allora fate notare l'inserimento della *h* al plurale. Per definire la regola estendete la riflessione anche ad altri sostantivi in *-ca/-ga* e *-co/-go*, che potete scrivere alla lavagna, e fate riferimento anche alla sintesi grammaticale alla fine dell'unità.

Soluzione: a. *mi piace + verbo all'infinito / + sostantivo singolare; mi piacciono + sostantivo plurale*

▶II 16. Ritorno al testo

Obiettivi:
a.–c. Ripetere il verbo *piacere* e introdurre i pronomi oggetto indiretto atoni.

Procedimento:
a.–b. Seguite le indicazioni del manuale.
c. Fate completare la tabella in coppia e poi controllate in plenum. Una volta controllata la tabella, fate notare i pronomi oggetto indiretto atoni e chiedete agli studenti qual è, secondo loro, la posizione di tali pronomi nella frase (davanti al verbo coniugato, come risulta dagli esempi). Precisate che i pronomi verranno trattati più approfonditamente in seguito, qui si tratta solo di un primo approccio legato all'uso del verbo *piacere* e quindi alla funzione comunicativa "esprimere gusti e preferenze".

Soluzioni:
a. Si veda la trascrizione del dialogo al punto 14.
c. Si veda la sintesi grammaticale alla fine dell'unità.

17. Tutti i gusti sono gusti

Obiettivi: Attivare il verbo *piacere*; approfondire la conoscenza tra compagni.

Procedimento: Formate le coppie e fate leggere la consegna del manuale risolvendo eventuali dubbi. Fate leggere anche l'esempio, evidenziando le possibili risposte (*molto/moltissimo* e non *bene/benissimo*) e la posizione di *non*.
Questo esercizio consente agli studenti di ripetere ed attivare il verbo *piacere* e consente loro anche di parlare di sé e conoscersi meglio.
La componente della sfida, inoltre, rende l'attività più avvincente.

18. Ritorno al testo

Obiettivo:
a.– c. Introdurre gli aggettivi possessivi.

Procedimento:
a.– c. Seguite le indicazioni del manuale.
Fate notare agli studenti che il possessivo si concorda con il possessore solo nel numero e non nel genere, perciò anche la terza persona singolare ha un'unica forma (*suo*), che si usa senza fare differenza fra possessore maschile e femminile.
Se lo ritenete necessario, dopo aver svolto questo punto potete proporre agli studenti di fare l'esercizio 21 a pagina 144 dell'eserciziario.

Soluzioni:
a. 1. *la mia;* 2. *il tuo;* 3. *i miei;* 4. *i nostri*
b. *La desinenza del possessivo si riferisce alla cosa posseduta e quindi si concorda con essa. Davanti a un aggettivo possessivo c'è normalmente un articolo.*
c. *Il possessivo di terza persona plurale è invariabile e si usa per tutti i generi e per tutti i numeri (cambia solo l'articolo che lo precede).*

19. Mio, tuo, suo...

Obiettivo:
a.– b. Attivare gli aggettivi possessivi.

Procedimento:
a.– b. Seguite le indicazioni del manuale. Prima di dare il via al gioco, fate una prova con uno studente per accertarvi che le regole siano chiare.
Giocando s'impara! Chi lo dice che per imparare bisogna sempre faticare? Ci si può anche divertire. Anzi, se ci si diverte, si impara di più. Perciò il manuale ha lasciato spazio ad esercizi, come questo, che si basano sul gioco. Spiegatene le finalità e le potenzialità agli studenti.

20. Il mio fine settimana

Obiettivo: Sviluppare la competenza comunicativa scritta.

Procedimento: Fate leggere la consegna ed accertatevi che il compito sia chiaro. Per lo svolgimento dell'attività procedete come indicato nell'introduzione a p. 19 (Produzione scritta).

Progetto: Come passi il tuo fine settimana?

Obiettivi: Attivare e fissare quanto appreso nell'unità attraverso la realizzazione di un progetto.
In questa unità gli studenti devono realizzare un'inchiesta sulle abitudini della classe durante il fine settimana e valutare, in base ai risultati, chi è attivo, studioso o casalingo.

Procedimento: Per la realizzazione di questo progetto gli studenti:
a. Devono intervistarsi a vicenda sulle proprie abitudini durante il fine settimana, usando le tabelle fornite dal manuale.
b. Poi devono confrontare le risposte e decidere le diverse tipologie di persone che compongono il gruppo (attive, studiose, ecc.).
Prima di dare il via all'attività, illustrate il progetto in ogni suo punto e dite agli studenti che voi siete a disposizione per qualsiasi dubbio o chiarimento.
Si veda anche l'introduzione a p. 8 (Struttura di un'unità – L'ultima pagina – Il progetto).

Tema: la città.
Obiettivi comunicativi: descrivere una città; chiedere e fornire informazioni per raggiungere un luogo; descrivere un itinerario; ringraziare; parlare del tempo e delle stagioni.
Elementi morfosintattici: il pronome locativo *ci*; la forma impersonale; l'indicativo presente del verbo *sapere*; i pronomi oggetto diretto atoni; le preposizioni articolate.
Lessico: la città; il tempo atmosferico; i mesi e le stagioni; i negozi; indicazioni stradali; i numeri ordinali; le indicazioni di luogo *fra/tra, accanto a, di fronte a, davanti a, dietro (a)*.
Progetto: descrivere a studenti italiani in un blog la città in cui si studia (com'è, cosa c'è da vedere, cosa si può fare la sera, ecc.) e decidere quali sono, per la classe, i quartieri più interessanti.

1. Il mio quartiere

Obiettivi:
a. Introdurre il tema dell'unità e il lessico relativo all'ambito semantico *città e luoghi di interesse*;
b. Ampliare il lessico relativo all'ambito semantico *città e luoghi di interesse*;
c. Attivare il lessico introdotto ai punti *a* e *b*; ripetere le strutture trattate al punto 9 dell'unità 3.

Procedimento:
a. Seguite le indicazioni del manuale. Fate lavorare gli studenti individualmente e poi a coppie. Alla fine controllate in plenum.
Prima di iniziare, dite loro di leggere il titolo del punto e chiedete se conoscono il significato della parola *quartiere*. Se non lo conoscono, fornitelo voi.
b. Ora invitate gli studenti a sistematizzare il lessico fornito dall'esercizio (se necessario chiaritene il significato). Fateli lavorare individualmente e poi in coppia. Alla fine riportate l'attività in plenum.
c. Fate lavorare gli studenti a gruppi di tre e seguite le indicazioni del manuale. Potete anche inserire l'elemento della sfida: ogni studente racconta cosa c'è nel proprio quartiere senza svelarne il nome, gli altri devono indovinare. Chi indovinerà per primo?

Soluzioni:

a. 1. *piazza;* 2. *chiesa;* 4. *torre;* 6. *fermata dell'autobus*

b. cultura: *biblioteca, teatro, cinema, museo, scuola;* infrastrutture: *stazione, discoteca, ospedale, posta, farmacia, fontana, ponte;* natura: *parco, zona verde, fiume, giardinetto*

▶II 2. ... è una bella città!

Trascrizione del dialogo:

- • Claudia, tu sei di Bologna?
- ▪ Sì, sì, sono di Bologna, proprio di Bologna. Non ci abito da qualche anno, però ci torno regolarmente.
- • Com'è Bologna?
- ▪ Beh, Bologna è una bella città, ed è famosa come la grassa, la dotta e la rossa. La grassa per la cucina buonissima, molto ricca, la dotta, per la sua antica università, la più antica d'Europa, fondata nel 1088, e la rossa, per il colore delle sue case del centro storico, dei suoi mattoni...
- • È una città tranquilla?
- ▪ Sì, è una città abbastanza tranquilla, ma è anche una città vivace, culturalmente. E poi è una città giovane perché c'è appunto un'università importante che ha tantissimi studenti, sia italiani che stranieri... sì, è una città universitaria.
- • Ti chiedo perché vorrei passare un fine settimana a Bologna, la conosco poco e voglio vedere un po' com'è, come si vive, perché vorrei fare un semestre Erasmus...
- ▪ Ah!
- • Secondo te questo è un bel periodo per andarci?
- ▪ Beh, a Bologna non ci si annoia mai, è una città in cui si può andare in giro in tutte le stagioni dell'anno perché ha moltissimi portici, circa 40 chilometri, e quindi si può girare anche quando piove, quando nevica. Però ti consiglio di andarci in primavera, che è la stagione migliore, in estate direi di no, perché fa molto caldo e c'è molta afa. Ma anche in autunno è bellissima.
- • Senti, che cosa c'è da vedere?
- ▪ Beh, si inizia a visitare Bologna sempre dalle due torri, la torre Garisenda e la torre degli Asinelli, e devi salire sulla torre degli Asinelli perché se c'è

il sole, c'è una vista magnifica su tutta la città e sull'Appennino, poi si va in Piazza Maggiore, la più grande della città, con la chiesa di San Petronio e da lì si va lungo il Portico del Pavaglione, che è la vetrina della città con i negozi più lussuosi. E lì vicino c'è il Quadrilatero...

- Il Quadrilatero? Che cos'è?
- Beh, è il cuore della città, è una zona, come dice il nome, a forma di quadrato dove ci sono molti ristorantini, locali trendy per il classico aperitivo la sera, e poi c'è un mercato dove si possono comprare i prodotti tipici della gastronomia della città.
- OK, il fine settimana è organizzato, grazie!
- Figurati!

Obiettivo:
a.–c. Sviluppare la comprensione auditiva.

Procedimento:
a.–c. Seguite le indicazioni del manuale.

Soluzioni:
a. *Parlano di Bologna. Stephanie vuole passare un fine settimana a Bologna.*
b. 1. *la cucina buonissima, un'università molto antica, il colore delle case del centro storico;* 2. *tranquilla, giovane, vivace, universitaria;* 3. *in primavera, in autunno;* 4. *una zona con molti locali*
c. *La foto in alto a sinistra, perché ritrae Piazza Maggiore con la chiesa di San Petronio; la foto a destra, perché ritrae le due torri. Ma anche la terza foto è di Bologna.*

Elementi di civiltà: Bologna è la città delle torri. Ad oggi sono circa una ventina, di cui le due più famose sono la torre degli Asinelli (che prende il nome da un'influente famiglia bolognese del XII secolo, di fazione ghibellina, ed è alta 97 metri) e la torre Garisenda (che prende il nome da un'altra famiglia ghibellina dell'epoca ed è alta 48 metri).
Ma Bologna è famosa anche per i suoi portici, costruiti nel tardo medioevo e lunghi quasi 40 chilometri, che sono stati inseriti nel 2006 nella *Tentative List* italiana dei siti candidati a diventare Patrimonio Mondiale UNESCO. Per maggiori informazioni si veda il sito:
http://www.bolognawelcome.com

3. Com'è la tua città?

Obiettivo: Sviluppare la competenza comunicativa orale.

Procedimento: Seguite le indicazioni del manuale e lasciate che gli studenti parlino liberamente.

▶II 4. Ritorno al testo

Obiettivo: Introdurre il lessico relativo all'ambito semantico *tempo atmosferico*.

Procedimento: Seguite le indicazioni del manuale. Fate lavorare gli studenti a coppie e dite loro di ricostruire il dialogo con alcune delle espressioni fornite a destra. Alla fine fate ascoltare per controllare.
In uno dei brani proposti compare il pronome indefinito *si* (*si può andare in giro; si può girare*). Se gli studenti dovessero farvi delle domande in proposito, rispondete affinché possano capirne il significato, ma non vi dilungate nell'analisi e dite loro che questa struttura verrà trattata al punto 9 dell'unità.

Soluzione: *piove; nevica; fa molto caldo; c'è molta afa; c'è il sole*

5. Il tempo e le stagioni

Obiettivi:
a. Introdurre il lessico relativo all'ambito semantico *mesi e stagioni*;
b. Attivare il lessico appena introdotto e quello trattato al punto 4.

Procedimento:
a.–b. Fate lavorare gli studenti a coppie e seguite le indicazioni del manuale.

Soluzioni:
a. primavera: *marzo, aprile, maggio;* estate: *giugno, luglio, agosto;* autunno: *settembre, ottobre, novembre;* inverno: *dicembre, gennaio, febbraio*

b. *a Parigi in ottobre: è nuvoloso; a Roma in aprile: c'è il sole; a Mosca in gennaio: nevica e fa freddo; a Barcellona in agosto: c'è il sole e fa molto caldo*

6. Occhio alla lingua!

Obiettivo:
a.–b. Presentare e fissare il pronome locativo *ci*.

Procedimento:
a. Fate lavorare gli studenti in coppia e poi riportate la discussione in plenum.
b. Fate svolgere l'esercizio individualmente e poi confrontare con un compagno, infine controllate in plenum.

Soluzioni:
a. *A Bologna. A non ripetere continuamente un'indicazione di luogo già data. Prima di un verbo coniugato o dopo un infinito (con il quale forma un'unica parola).*
b. *1. in questa città, Ci abito; 2. a Roma, andarci; 3. al cinema, Ci vengo; 4. a Firenze, Ci resta; 5. a casa, ci torniamo*

7. Il Quadrilatero

Obiettivi:
a.–c. Sviluppare la comprensione della lingua scritta e introdurre il lessico relativo all'ambito semantico *negozi e alimenti*.

Procedimento:
a.–b. Seguite le indicazioni del manuale.
Per questa lettura, come per tutti gli input scritti e orali nel manuale, gli studenti dovranno fin da subito rispondere a domande (dapprima semplici e poi più complesse) che li guideranno nella comprensione. Potete mostrare agli studenti la soluzione del punto *b* fotocopiando la piantina su un lucido e proiettandola alla lavagna.
c. Fate svolgere l'esercizio individualmente e poi in coppia. Alla fine controllate in plenum.

Dopo aver completato lo schema, fate notare agli studenti che il tipo di negozi, e ciò che vi si può acquistare, può variare molto da regione a regione: non dappertutto in Italia in salumeria si può comprare il parmigiano come da Tamburini.

Elementi di civiltà: Il Quadrilatero è il cuore di Bologna, un'area di antica tradizione artigianale, mercantile e commerciale. Nella zona del Quadrilatero ci sono i vicoli stretti e odorosi dell'antico mercato di origine medievale (il *Mercato di Mezzo*) con le caratteristiche *buche* (piccoli ambienti ricavati dalle mura dell'antico *Ospedale della Vita*) occupate oggi da negozi di ogni genere e tipo. Per maggiori informazioni si veda il sito: http://www.quadrilatero.net

Soluzioni:

a. (da sinistra a destra) *osteria; panificio; salumeria*

b. *salumeria Tamburini: via Caprarie 1; panificio Atti: via Drapperie 6; Osteria del Sole: vicolo Ranocchi*

c. *In salumeria compro il prosciutto, la mortadella, il parmigiano. In macelleria compro la carne. Al panificio compro i pasticcini, la torta di riso, i tortellini, il pane. In pescheria compro il pesce. In rosticceria compro cibi già cucinati.*

8. Dove fai la spesa?

Obiettivi: Sviluppare la competenza comunicativa orale e fissare il lessico appena appreso.

Procedimento: Chiedete agli studenti di lavorare a coppie, accertatevi che il compito sia chiaro e lasciate che parlino liberamente.
Prima di dare inizio all'attività, fate leggere il titolo e chiedete agli studenti se ne capiscono il significato. Se non lo capiscono, aiutateli voi e fate notare, con qualche esempio, la differenza tra *fare la spesa* e *fare spese*.

9. Occhio alla lingua!

Obiettivi:

a.–b. Tematizzare e fissare la forma impersonale.

Procedimento:

a. Fate lavorare gli studenti a coppie e seguite le indicazioni del manuale.

b. Esercizio scritto. Fate svolgere l'esercizio individualmente e poi in coppia. Alla fine controllate in plenum.

Soluzioni:

a. *si + verbo alla 3ª persona singolare + sostantivo al singolare; si + verbo alla 3ª persona plurale + sostantivo al plurale; si + verbo alla 3ª persona singolare + espressioni con preposizione; quando il verbo è riflessivo: ci + si + verbo alla 3ª persona singolare*

b. 1. *si può;* 2. *Si devono;* 3. *Si va, si comprano, ci si ferma;* 4. *Si va, si mangiano*

10. Indovina!

Obiettivi: Sviluppare la competenza comunicativa orale e fissare le strutture appena apprese.

Procedimento: Fate leggere la consegna agli studenti, accertatevi che abbiano capito cosa devono fare e, dopo aver chiarito gli eventuali dubbi, date inizio all'attività.
Prima di dare inizio al gioco date il tempo agli studenti di leggere e capire anche le espressioni fornite dall'esercizio. Rispondete ad eventuali domande.
Non sottovalutate il valore didattico del gioco e, anche se il programma e gli esami all'università esigono ritmi sostenuti, dedicate del tempo a questo tipo di attività.
Il gioco è una risorsa preziosa: stimola l'interesse e il coinvolgimento attivo degli studenti, contribuisce a diminuire l'ansia e lo stress, sviluppa le dinamiche di gruppo, mette gli studenti in condizione di imparare senza accorgersene. È necessario che, fin dalle prime lezioni, ne facciate capire le potenzialità agli studenti, affinché, vincendo le eventuali ritrosie iniziali, possano giovarsene nel loro percorso di apprendimento della lingua.

▶II 11. Vorrei andare...

Trascrizione del dialogo:

- Senta, scusi!
- Sì, mi dica.

- Cerco vicolo Ranocchi, è qui vicino?
- Vicolo Ranocchi…
- Sì, vorrei andare all'Osteria del Sole.
- Ah, sì, ho capito. Sa dov'è il Portico del Pavaglione?
- Mmm…
- Allora, è facile. Lei va avanti fino all'incrocio e poi gira a destra in Piazza Nettuno, quella con la fontana, la attraversa ed è già in Piazza Maggiore. Lì vede sulla sinistra il Palazzo del Podestà, sulla destra San Petronio e di fronte il portico del Pavaglione. Ecco, lei va verso questi portici, li attraversa e va in via Pescherie Vecchie. Va avanti un po' e alla prima strada gira a sinistra: l'Osteria del Sole è lì.
- Ma, è lontano?
- No, no, sono 5 minuti a piedi.
- Grazie mille!
- Non c'è di che!

Obiettivi:

a.–c. Sviluppare la comprensione auditiva e introdurre il lessico e le funzioni utili per dare informazioni stradali.

Procedimento:

a.–c. Seguite le indicazioni del manuale.
Potete mostrare agli studenti la soluzione del punto c fotocopiando la piantina su un lucido e proiettandola alla lavagna.

Soluzioni:

a. *Vuole andare all'Osteria del Sole in vicolo Ranocchi.*
b. *andare fino all'incrocio; girare a destra; attraversare la piazza; girare a sinistra*

▸II 12. Ritorno al testo

Obiettivi:

a.–b. Tematizzare le funzioni comunicative utili per chiedere informazioni stradali; introdurre il verbo *sapere* e i numeri ordinali.

Procedimento:

a. Fate lavorare gli studenti a coppie e dite loro di ricostruire il dialogo con le espressioni fornite dall'esercizio. Controllate con un ascolto e chiarite eventuali dubbi.

b. Ora dite agli studenti di rileggere il dialogo che hanno appena completato e di rispondere alle domande. Poi fate confrontare in coppia e alla fine controllate in plenum.
Nello svolgere l'attività, gli studenti potrebbero farvi delle domande su alcune espressioni che compaiono nel dialogo.
Per quanto riguarda la funzione *Senta, scusi!*, in questa sede limitatevi a quanto osservato al punto *b* ed, eventualmente, aggiungete che è una forma di cortesia (potete dire che il corrispondente confidenziale è *Senti, scusa!*), ma non fornite ulteriori spiegazioni grammaticali.
Fate presente agli studenti che la forma *Sa dov'è* si usa spesso al posto di *Cerco...*
Per quanto riguarda il verbo *sapere*, attirate l'attenzione degli studenti sullo specchietto giallo a destra del dialogo.
A proposito dell'espressione *la prima strada*, attirate l'attenzione sullo specchietto in turchese. Chiedete agli studenti di osservare le desinenze degli ordinali e fate qualche esempio al maschile (*il primo incrocio ...*) per far capire che gli ordinali si comportano come normali aggettivi. Eventualmente potete segnalare che di solito precedono il sostantivo.
Anche l'espressione *non c'è di che* sarà probabilmente sconosciuta agli studenti, fate notare che ne viene fornito il significato in un secondo specchietto in turchese.

Soluzioni:

a. *Senta, scusi; Cerco; Sa dov'è; è lontano; Grazie mille*

b. *Senta, scusi!; Cerco...; È lontano?; Grazie mille!*

13. In giro per Bologna

Obiettivi: Attivare le funzioni comunicative utili per chiedere e fornire informazioni stradali; sviluppare la competenza comunicativa orale.

Procedimento: Fate lavorare gli studenti in coppia, dite loro di leggere la consegna, accertatevi che l'abbiano capita e date inizio all'attività.

Dite agli studenti che potranno usare (a scelta e, magari, alternandole) due forme (*tu* e *Lei*), come nell'esempio.
Fateli riflettere inoltre sui modi e sui tempi che si usano per dare indicazioni stradali: basta usare il presente indicativo del verbo (o eventualmente il verbo modale *dovere* al presente indicativo + l'infinito del verbo), senza bisogno dell'imperativo.

Se volete avvicinare di più l'attività agli studenti, potete prendere come riferimento la città in cui studiano, decidere il posto in cui si trovano (per esempio la stazione) e il posto (o i posti) dove vogliono andare.
Dite agli studenti che tutti i mezzi pubblici sono in sciopero e che quindi dovranno andare a piedi. Rispetto a quella proposta dal manuale, questa attività potrebbe risultare più complessa per gli studenti, che si troverebbero a parlare in italiano usando i nomi tedeschi delle strade. Tuttavia potrebbe essere una sfida interessante.

14. Occhio alla lingua!

Obiettivo:
a.–c. Tematizzare i pronomi diretti atoni.

Procedimento:
a.–c. Procedete come indicato nell'introduzione a p. 15 (Analisi linguistica – *Occhio alla lingua!*). Fate lavorare gli studenti in coppia e poi riportate la discussione in plenum.
Fate notare agli studenti, ricorrendo ad alcuni esempi, la differenza fra *li* (pronome diretto) e *lì* (avverbio di luogo) e fra *la* (pronome diretto) e *là* (avverbio di luogo), evidenziata dallo specchietto in turchese.

Soluzioni:
a.–b. *I pronomi si riferiscono ai sostantivi precedentemente citati* (la *a Piazza Nettuno,* li *ai portici) e servono a non ripeterli. Il loro posto nella frase è davanti al verbo coniugato.*
c. Si veda la sintesi grammaticale alla fine dell'unità.

15. Lo, la, li o le?

Obiettivo:
a.–b. Fissare e attivare i pronomi diretti atoni.

Procedimento:
a.–b. Seguite le indicazioni del manuale.

Soluzione:
1. *li*; 2. *la*; 3. *lo*; 4. *Le*; 5. *Lo*; 6. *la*; 7. *li*; 8. *le*

16. Occhio alla lingua!

Obiettivo:
a.–b. Tematizzare le preposizioni articolate.

Procedimento:
a.–b. Fate lavorare gli studenti in coppia e poi riportate la riflessione in plenum.

Soluzioni:
a. 2. *da + la, di + il*; 3. *a + il, di + la*; 4. *da + il*; 5. *a + l', in + i*; 6. *su + la*; *su + l'*
b. Si veda la sintesi grammaticale alla fine dell'unità.

17. Dov'è...?

Obiettivi: Tematizzare ed esercitare le indicazioni di luogo *fra/tra*, *accanto a*, *di fronte a*, *davanti a*, *dietro (a)* e attivare l'uso della preposizione articolata *a*.

Procedimento: Seguite le indicazioni del manuale e fate lavorare gli studenti in coppia.

Soluzione possibile: *L'osteria è fra la macelleria e il ristorante. L'università è accanto al parco. La fontana è di fronte al teatro. La biblioteca è davanti al panificio. Il bar è dietro il supermercato.*

18. Ti piace Bologna?

Obiettivi: Sviluppare la competenza comunicativa orale; ripetere la forma verbale *vorrei* per esprimere un desiderio e il verbo *piacere*.

Procedimento: Seguite le indicazioni del manuale e lasciate che gli studenti parlino liberamente.
Prima di far svolgere l'esercizio, ricordate agli studenti l'uso di *vorrei* per esprimere un desiderio (trattato al punto 14 dell'unità 2) e la struttura *mi piace/piacciono* (trattata al punto 15 dell'unità 3).

Progetto: Questa città è...

Obiettivi: Attivare e fissare quanto appreso nell'unità attraverso la realizzazione di un progetto.
In questa unità gli studenti devono scrivere su un blog, per studenti italiani Erasmus, un post in cui descrivono la città dove studiano (com'è, che cosa c'è da vedere, cosa si può fare la sera...).

Procedimento: Per la realizzazione di questo progetto gli studenti:

a. Individualmente devono pensare alla città in cui studiano e raccogliere le idee (con l'ausilio di minimappe) in relazione ad alcuni punti suggeriti dal manuale (Com'è la città? Quali sono le cose da vedere assolutamente?; Che cosa si può fare la sera? E dove?; Qual è secondo voi un quartiere o una zona interessante?).

b. Poi, in gruppi, devono confrontare le risposte e decidere quali riportare sulla pagina web relativa alla loro città.

c. Alla fine devono riferire in plenum e stabilire quali sono le risposte simili e i quartieri più interessanti per la classe.
Prima di dare il via all'attività, illustrate il progetto in ogni suo punto e dite agli studenti che voi siete a disposizione per qualsiasi dubbio o chiarimento.
Si veda anche l'introduzione a p. 8 (Struttura di un'unità – L'ultima pagina – Il progetto).

Tema: raccontare esperienze passate (un semestre Erasmus, un'esperienza di studio all'estero).
Obiettivi comunicativi: raccontare un'esperienza passata; parlare delle proprie esperienze all'estero; informarsi telefonicamente per un corso di lingua da frequentare all'estero (fare una telefonata formale).
Elementi morfosintattici: il passato prossimo; il passato prossimo dei verbi riflessivi; gli avverbi *già* e *non ancora*; il verbo *piacere* al passato prossimo; la formazione e l'uso degli avverbi (prima parte); uso transitivo e intransitivo di *cominciare*, *finire* e *iniziare*.
Lessico: soggiorni all'estero; gli indicatori temporali *ieri*, *fa*, *scorso*, *stamattina*; formule utili per fare una telefonata formale; corsi di lingua.
Progetto: scegliere un'università italiana dove fare un semestre Erasmus; scrivere un'e-mail per presentarsi e chiedere informazioni utili.

1. Cento motivi per andare all'estero

Obiettivi:

a.–b. Introdurre il tema centrale dell'unità; anticipare il lessico relativo all'ambito semantico *soggiorni di studio all'estero*.

Procedimento:

a.–b. Fate lavorare gli studenti individualmente e poi in coppia. Alla fine riportate la discussione in plenum. Potete anche fare un sondaggio: quali sono i motivi più importanti per la classe?
Gli studenti universitari e il loro mondo sono il tema centrale di questa unità. La prima attività li coinvolge direttamente, fornisce il lessico per parlare del tema, inoltre offre loro l'opportunità di conoscersi meglio e di confrontarsi con un argomento di sicuro interesse. Perciò dedicate a questa attività tutto il tempo necessario e sfruttatela al meglio, sollecitando gli studenti ad esprimersi in italiano.
A questo punto (siamo all'inizio del livello A2) gli studenti saranno già in grado di esprimersi, formulando frasi semplici, in relazione ad argomenti di interesse personale (come quello trattato nell'unità).

2. Il mio Erasmus

Obiettivo:
a.–b. Sviluppare la comprensione della lingua scritta.

Procedimento:
a. Fate leggere agli studenti la consegna e accertatevi che l'abbiano capita, quindi date inizio all'attività. Fateli lavorare individualmente e poi in coppia.
b. Seguite le indicazioni del manuale. Fate lavorare gli studenti individualmente e poi in coppia, alla fine riportate l'attività in plenum.

Elementi di civiltà: Il programma *Erasmus*, acronimo di *European Region Action Scheme for the Mobility of University Students*, è un programma di mobilità studentesca dell'Unione europea, nato nel 1987. Gli atenei italiani che accolgono più studenti dall'estero sono l'Alma Mater di Bologna, La Sapienza di Roma, l'Università degli studi di Firenze, il Politecnico di Milano e l'Università degli studi di Padova.
Dal 2014, il programma ha assunto il nome di *Erasmus+* per l'istruzione, la formazione, la gioventù e lo sport.
Per maggiori informazioni si vedano i siti: http://www.erasmusmundus.it e http://www.erasmusplus.it

Soluzioni possibili:
a. *Tutte e tre le esperienze sono positive. Solo la terza all'inizio è stata un po' difficile, ma poi è stata positiva come le altre.*
b. Francesco: *per fare nuove esperienze, per fare nuove amicizie, per crescere;* Laura: *per imparare una nuova lingua, per fare nuove esperienze;* Paola: *per conoscere un nuovo sistema universitario*

3. Ritorno al testo

Obiettivi:
a.–c. Tematizzare il passato prossimo dei verbi regolari;
d. Riflettere sulla formazione del participio passato.

Procedimento:

a.–d. Fate lavorare gli studenti individualmente e poi in coppia e seguite le indicazioni del manuale.

Soluzioni:

a. *Le forme al passato prossimo sono 20: ha dato, ho avuto, Ho fatto, abbiamo organizzato, ci siamo divertiti, Ho fatto; sono stata, ho pensato, è stata, ho cercato, ho dovuto, ho cercato, sono passati, ho fatto; Sono arrivata, è stato, ho trovato, mi sono trovata, ho frequentato, ho conosciuto*

b.

passato prossimo	soggetto	desinenza del participio passato	infinito
1. sono stata	io	-a	essere
2. ho pensato	io	-o	pensare
3. è stata	(la cosa) lei	-a	essere
4. ho cercato	io	-o	cercare
5. ho dovuto	io	-o	dovere
6. ho cercato	io	-o	cercare
7. sono passati	(sei mesi) loro	-i	passare
8. ho fatto	io	-o	fare

c. *l'ausiliare essere o avere + il participio passato*

d. participi regolari: *pensato, dovuto, partito*; participi irregolari: *fatto (fare), stata (essere)*

4. Avere o essere?

Obiettivo:

a.–c. Riflettere sull'uso dei verbi ausiliari.

Procedimento:

a.–b. Formate delle coppie e procedete come indicato nel manuale, poi riportate l'attività in plenum. Saranno gli studenti a fornire le proposte per una regola. In base a queste proposte, li guiderete verso una formulazione corretta.

Questo non è ancora il momento di tematizzare in maniera esaustiva l'uso dell'ausiliare in italiano, per ora basterà dire che quest'uso corrisponde grossomodo a quello dell'ausiliare in tedesco.
Più avanti, per approfondire la regola, potete fare riferimento alla sintesi grammaticale alla fine dell'unità.

c. Dite agli studenti di formare il passato prossimo dei verbi dati, poi fate seguire un controllo in plenum in cui completerete con gli studenti le tabelle riprodotte su un lucido o su una slide.

Soluzioni:

a. *essere: essere, passare; avere: pensare, cercare, dovere, fare*

b. *L'ultima lettera del participio non è sempre uguale perché, quando l'ausiliare è essere, concorda con il soggetto.*

c. io sono: *andato/a, arrivato/a, diventato/a, restato/a, stato/a, tornato/a, uscito/a*; io ho: *abitato, avuto, capito, controllato, costruito, frequentato, imparato, parlato, preferito, ricevuto, trovato*

5. Che cosa hanno fatto ieri sera?

Obiettivo: Esercitare le forme del passato prossimo.

Procedimento: Seguite le indicazioni del manuale e fate lavorare gli studenti individualmente e poi a coppie. Raccomandate loro di fare attenzione a quante persone compaiono nei disegni e se sono uomini o donne, al fine di concordare correttamente il participio con il soggetto. Alla fine controllate in plenum.

Soluzione: *Sono uscito con gli amici e ho mangiato un gelato. Sono restata a casa e ho guardato un film alla TV. Abbiamo studiato per l'esame. Siamo andati in discoteca e lì abbiamo incontrato i nostri amici. Siamo andate in palestra e abbiamo fatto un'ora di Pilates.*

6. L'anno scorso...

Obiettivo: Attivare le forme del passato prossimo.

Procedimento: Formate delle coppie, chiedete agli studenti di leggere il titolo e la consegna e chiarite eventuali dubbi: deve essere chiaro che le "cose" da scegliere non devono essere davvero successe, gli studenti possono giocare con la fantasia. Fate leggere ad alta voce l'esempio, date il via all'attività e lasciate parlare gli studenti. Vince chi indovina di più.

7. Occhio alla lingua!

Obiettivi:
a.–b. Presentare e fissare le forme irregolari del participio passato di alcuni verbi;
c. Attivare le forme appena trattate e il lessico.

Procedimento:
a. Dopo aver portato l'attenzione degli studenti sulle forme di participio passato irregolari che hanno visto al punto 3, chiedete loro di lavorare a coppie e di ricondurre le forme dell'infinito alle corrispondenti forme del participio presenti nella tabella.
Benché gli studenti non conoscano attivamente le irregolarità nella formazione del participio passato, riusciranno a completare la tabella aiutandosi con l'intuizione. Seguirà un controllo in plenum.
b. Seguite le indicazioni del manuale e spiegate che si tratta di un'attività preparatoria al punto c. Fate lavorare gli studenti individualmente e poi in coppia. Alla fine controllate in plenum.
c. Fate lavorare gli studenti individualmente e poi in coppia. Anche in questo caso, dite loro che non devono dire necessariamente la verità, ma possono usare la fantasia.

Soluzioni:
a. *dire, nascere, scrivere, bere, decidere, prendere, scoprire, chiedere, leggere, rimanere, venire, chiudere, mettere, rispondere, vedere*
b. *leggere un libro; bere un aperitivo; prendere il treno; rispondere alle e-mail; scrivere un messaggio; vedere un film; rimanere a casa*

8. Occhio alla lingua!

Obiettivi:
a.–c. Introdurre e fissare i verbi riflessivi al passato prossimo;
d. Attivare le forme verbali appena trattate.

Procedimento:
a.–d. Per lo svolgimento dei punti seguite le indicazioni del manuale e fate notare agli studenti la posizione del pronome. Fate lavorare gli studenti individualmente e poi in coppia. Alla fine controllate in plenum.

Soluzioni:
a. *divertirsi; trovarsi*
b. *essere; il soggetto del verbo*
c.

divertirsi			
(io)	mi	sono	divertito/a
(tu)	ti	sei	divertito/a
(lui/lei/Lei)	si	è	divertito/a
(noi)	ci	siamo	divertiti/e
(voi)	vi	siete	divertiti/e
(loro)	si	sono	divertiti/e

d. *è partita; Si è alzata; ha preparato; è andata; ha preso; ha letto; si è rilassata; è arrivato; è andata; sono rimaste; si sono riposate; hanno preparato; hanno fatto; si sono incontrate; sono andati; si sono svegliate; è tornata*

9. Venerdì sera ho...

Obiettivo: Sviluppare la competenza comunicativa orale.

Procedimento: Accertatevi che la consegna sia chiara, formate delle coppie e lasciate parlare liberamente gli studenti.

▶II 10. Dove sei stato?

Trascrizione del dialogo:

- • Carlo, ciao!
- ▪ Ciao, come stai?
- • Bene, e tu?
- ▪ Mah, sono un po' stanco perché sono tornato tre giorni fa dagli Stati Uniti e sento ancora un po' il jet lag.
- • Ah! E dove sei stato?
- ▪ In California, a San Diego.
- • Che bello! In vacanza?
- ▪ Beh, non proprio in vacanza. Ho fatto un corso di inglese.
- • Ah, ci sei stato con la scuola?
- ▪ No, no, ho già finito il liceo. Ho fatto la maturità sei mesi fa.
- • Aha!
- ▪ E dopo ho deciso di partire e fare un corso per migliorare il mio inglese.
- • Bravo! Quanto tempo sei rimasto?
- ▪ Circa due mesi.
- • E la California ti è piaciuta?
- ▪ Sì, mi è piaciuta tantissimo.
- • Bene! E adesso che fai? Ti sei iscritto all'università?
- ▪ Mah, non ho ancora deciso che cosa fare, vorrei iscrivermi a ingegneria, ma non sono ancora sicuro al cento per cento.
- • Allora auguri per il futuro e saluti a mamma e papà!
- ▪ Grazie.

Obiettivo:
a.–b. Sviluppare la comprensione auditiva.

Procedimento:
a.–b. Seguite le indicazioni del manuale.

Soluzioni:
a. *San Diego*
b. 1. *tre giorni fa;* 2. *un corso di lingua;* 3. *due mesi;* 4. *sei mesi fa;* 5. *ingegneria*

11. E tu che cosa hai fatto?

Obiettivo: Sviluppare la competenza comunicativa orale.

Procedimento: Accertatevi che la consegna sia chiara, formate dei gruppi di tre (fate attenzione che gli studenti parlino con compagni diversi da quelli del punto 9) e lasciate gli studenti liberi di parlare.

12. Occhio alla lingua!

Obiettivi:
a.–c. Presentare, fissare e attivare gli avverbi *già* e *non ancora*.

Procedimento:
a. Chiedete agli studenti di leggere le frasi e di rispondere alle due domande ricorrendo a vocaboli nella lingua comune del corso.
b. Ora dite loro di completare le frasi facendo attenzione alla posizione degli avverbi. Fate seguire un controllo in plenum.
c. Fate leggere agli studenti la consegna e l'esempio e, dopo esservi accertati che li abbiano capiti, formate delle coppie e date il via all'attività.

Soluzione:
b. 1. *Avete già pagato? / Non avete ancora pagato?* 2. *Sei già stato in Italia? / Non sei ancora stato in Italia?* 3. *Maria ha già visto l'ultimo film di Moretti. / Maria non ha ancora visto l'ultimo film di Moretti.* 4. *Paolo e Claudio sono già tornati dalle vacanze. / Paolo e Claudio non sono ancora tornati dalle vacanze.* 5. *Hai già incontrato Giovanna? / Non hai ancora incontrato Giovanna?* 6. *Abbiamo già letto il giornale. / Non abbiamo ancora letto il giornale.*

13. Quando?

Obiettivi:
a. Tematizzare gli indicatori temporali al passato;
b.–c. Attivare gli indicatori temporali.

Procedimento:

a. Introducete l'esercizio (magari a libro chiuso) chiedendo agli studenti se conoscono degli indicatori temporali che introducono un tempo al passato. Scrivete alla lavagna, in ordine sparso, le proposte degli studenti. Aggiungete poi che quelle espressioni, e altre simili, le trovano a p. 66 del manuale e fate aprire il libro. Chiedete se i due esempi, *due anni fa* e *cinque minuti fa*, sono chiari. Chiarite eventuali dubbi e date alcuni minuti di tempo per svolgere il compito. Fate seguire un controllo in plenum. Evidenziate l'espressione *sei mesi* per sottolineare che si dice solo cosi, non "*mezzo anno*" come si può dire, per esempio, in tedesco.

b.–c. Seguite le indicazioni del manuale e fate lavorare gli studenti individualmente e poi a gruppi di quattro.

Soluzione:

a. *l'anno scorso, sei mesi fa, tre mesi fa, tre settimane fa, la settimana scorsa, quattro giorni fa, l'altro ieri, ieri mattina, ieri pomeriggio, ieri sera, stamattina, un'ora fa*

▶II 14. Ritorno al testo

Obiettivo:

a.–b. Presentare il verbo *piacere* al passato prossimo.

Procedimento:

a.–b. Fate lavorare gli studenti individualmente e poi in coppia. Alla fine controllate in plenum.
Sottolineate il fatto che la domanda, in italiano, viene formulata senza l'uso di pronomi interrogativi (contrariamente al tedesco, per esempio) e fate notare la posizione dei pronomi.
Fate notare anche, nello specchietto in turchese, l'aggiunta della *i*, per motivi fonetici, tra la radice e la desinenza del participio.

Soluzioni:

a. *E la California ti è piaciuta?*

b. *essere; il soggetto, vale a dire la cosa / le cose che piace / piacciono*

15. Questione di gusti

Obiettivo: Fissare il verbo *piacere* al passato prossimo.

Procedimento: Procedete come indicato nella consegna e fate seguire un controllo in plenum.

Soluzione: *è piaciuto; è piaciuta; sono piaciuti; sono piaciute*

16. L'anno scorso...

Obiettivo:
a.–b. Attivare il verbo *piacere* al passato prossimo.

Procedimento:
a. Chiedete agli studenti di completare le frasi della lista: ognuno farà riferimento alla propria esperienza.
b. Fate scambiare le liste e spiegate agli studenti che dovranno fare delle domande al compagno in base a quello che il compagno stesso ha scritto nella propria lista. Chiarite il procedimento facendo leggere l'esempio, nel quale sottolineerete la desinenza femminile riferita a una città. Fate notare anche che per rispondere si usano, oltre naturalmente a *sì*, *no*, ecc., anche avverbi di quantità.

17. Occhio alla lingua!

Obiettivi:
a.–b. Introdurre la formazione degli avverbi in *-mente*;
c. Tematizzare la differenza d'uso tra aggettivo e avverbio.

Procedimento:
a.–c. Fate svolgere l'attività seguendo le indicazioni del manuale. Lasciate che gli studenti lavorino in coppia e poi riportate la riflessione in plenum.

Soluzioni:

a. *veloce; finale; vero*

b. *veloce + mente = velocemente; final(e) + mente = finalmente; particolarmente; l'avverbio è invariabile*

c. *un verbo; un sostantivo*

18. Aggettivo o avverbio?

Obiettivi:

a.–b. Fissare e attivare la formazione degli avverbi e il contrasto aggettivo/avverbio.

Procedimento:

a.–b. Prima di iniziare richiamate l'attenzione sul punto 17c, poi fate lavorare gli studenti individualmente e in coppia, alla fine controllate in plenum. Prima di far svolgere il punto *b*, assicuratevi che gli studenti abbiano capito la consegna.

Soluzioni:

a. *sicuramente; facilmente; chiaramente; regolarmente; logicamente*

b. 1. *sicuramente;* 2. *facile;* 3. *chiari;* 4. *regolarmente;* 5. *logicamente*

19. E voi?

Obiettivo: Sviluppare la competenza comunicativa scritta.

Procedimento: Questa è la prima volta che, per una produzione scritta, viene data agli studenti l'indicazione del numero della parole. Sottolineate che la finalità è che si abituino sia ai compiti da svolgere durante gli esami, sia ad altri tipi di testi che potrà capitare loro di dover produrre rispettando una lunghezza data.
Potete far lavorare gli studenti individualmente e poi, a coppie, potete invitarli a scambiarsi e a leggere le rispettive e-mail, oppure potete scegliere di farli lavorare, fin dal principio, in coppia o in piccoli gruppi.
Si veda anche l'introduzione a p. 19 (Produzione scritta).

▶II 20. Imparare una lingua all'estero

Trascrizione del dialogo:

- Centro Linguistico EF, buongiorno.
- ▪ Buongiorno. Mi chiamo Marco Giannucchi e vorrei delle informazioni sui corsi intensivi di tedesco che fate a Monaco, in Germania.
- Sì. E ha già guardato in Internet, nel nostro sito?
- ▪ Sì, ma vorrei sapere se è possibile fare un corso per principianti assoluti, perché ho letto che c'è un test d'ingresso.
- Guardi, ci sono corsi di tutti i livelli, e quindi anche corsi per principianti. Lei quando vuole andare?
- ▪ Beh, io vorrei incominciare subito, perché devo imparare il tedesco per un semestre Erasmus.
- Ho capito… Il corso per principianti è già cominciato. Il prossimo comincia fra dieci giorni. Il 25 settembre.
- ▪ E la durata del corso?
- Beh, può decidere lei quante settimane rimanere.
- ▪ Ah, bene, e cosa devo fare per iscrivermi?
- Deve compilare il modulo che trova sul nostro sito, spedirlo per e-mail e poi noi le mandiamo la conferma con tutte le informazioni.
- ▪ Va bene, grazie e arrivederci.
- Arrivederci.

Obiettivo:

a.–b. Sviluppare la comprensione auditiva.

Procedimento:

a. Prima di far ascoltare la telefonata, dite agli studenti di coprire il dialogo al punto *b* e di osservare le foto e leggere i testi al punto *a*: di che cosa si tratta? Che cosa si propone? Lasciate che gli studenti ne parlino in coppia e facciano delle ipotesi, poi fate partire l'ascolto.

b. Seguite le indicazioni del manuale. Fate notare anche lo specchietto in turchese che tematizza la differenza tra l'avverbio *fa* e la preposizione *fra*, entrambi temporali.

Soluzione:

b. Si veda la trascrizione del dialogo.

21. Ritorno al testo

Obiettivi: Tematizzare la funzione "fare una telefonata formale", con le sottofunzioni annesse.

Procedimento: Dite agli studenti di rileggere la telefonata al punto 20b e di rispondere alle domande. Fateli lavorare individualmente e poi in coppia. Alla fine controllate in plenum.

Elementi di civiltà: Cogliete l'occasione per specificare che, in Italia, quando si risponde al telefono privatamente non si dice, di solito, il proprio cognome, ma si risponde con *pronto*.

Soluzione: 1. *Buongiorno. Mi chiamo...*; 2. *Vorrei delle informazioni...*; 3. *Vorrei sapere se è possibile...*; 4. *Cosa devo fare per...*; 5. *Grazie e arrivederci.*

22. Occhio alla lingua!

Obiettivi:
a.–b. Tematizzare e fissare l'uso dell'ausiliare con i verbi *cominciare, finire* e *iniziare*.

Procedimento:
a. Procedete come indicato nel manuale e chiedete agli studenti che cosa notano nelle tre frasi riportate come esempio (l'ausiliare diverso). Fateli poi riflettere, a coppie, sulla diversità riscontrata e spiegate la differenza tra un verbo transitivo e intransitivo. Alla fine riportate la riflessione in plenum.
b. Procedete come indicato nel manuale e fate seguire un controllo in plenum. Mettete in evidenza le preposizioni da usare con *cominciare, iniziare* e *finire* (evidenziate dallo specchietto in turchese).
Dopo quest'attività sarà opportuno fare il punto sull'uso dell'ausiliare nelle forme del passato prossimo e approfondire l'argomento facendo riferimento alla sintesi grammaticale alla fine dell'unità e facendo svolgere l'esercizio 4 a p. 154 dell'eserciziario.

Soluzione:
b. 1. *siamo andati, è finito;* 2. *è venuta, ha finito;* 3. *ha iniziato;* 4. *ha cominciato;* 5. *sono cominciati*

23. Una telefonata

Obiettivo: Sviluppare la competenza comunicativa orale.

Procedimento: Formate delle coppie e dite agli studenti che avranno il compito di produrre, insieme a un compagno, un dialogo con ruoli predefiniti: A e B. Accertatevi che i ruoli siano chiari, fate chiudere il libro e lasciate parlare liberamente gli studenti, segnalando la vostra disponibilità per eventuali domande.
Se lo ritenete opportuno, prima di dare il via all'attività, fate rileggere agli studenti il dialogo a pagina 69 (punto 20b).

Progetto: Fare l'Erasmus in Italia

Obiettivi: Attivare e fissare quanto appreso nell'unità attraverso la realizzazione di un progetto.
In questa unità gli studenti devono scegliere un'università dove fare un semestre Erasmus e scrivere un'e-mail per presentarsi e per chiedere informazioni utili.

Procedimento: Per la realizzazione di questo progetto gli studenti:
a. Devono, individualmente, leggere le informazioni tratte dai siti di tre università italiane (La Sapienza di Roma, L'Orientale di Napoli e l'Alma Mater di Bologna) e decidere in quale di queste università fare un semestre Erasmus.
Un'avvertenza: nei tre testi, tratti dai siti delle rispettive università, ci sono alcuni vocaboli che potrebbero risultare di difficile comprensione (come *accogliere, stipulare, ateneo, aderire*...). Per un verso, è importante che gli studenti imparino a confrontarsi con termini complessi relativi all'ambito accademico, poiché i siti web delle università possono essere per loro di reale interesse, d'altro canto questi termini potrebbero rallentare la realizzazione del progetto. Occorrerà perciò che adottiate le adeguate strategie per snellire la lettura dei testi.

Potete pensare ad attività di pre-lettura o di analisi lessicale (di accoppiamento termine-significato, ad esempio), durante le quali si chiariranno i significati di quei termini che, a vostro parere, potrebbero risultare di difficile comprensione per i vostri studenti.
In ogni caso, poiché tutte le parole compaiono nel glossario, potete anche rimandare gli studenti direttamente al glossario.

b. Poi devono cercare un compagno che ha scelto un'università diversa e confrontare i motivi delle rispettive scelte.
Se vi accorgete che molti studenti hanno scelto la stessa università, potete anche farli lavorare in coppia e far loro spiegare i motivi che hanno determinato la medesima scelta (sono gli stessi? sono diversi?).

c. Alla fine, in piccoli gruppi (formati da studenti che hanno scelto la stessa università), devono scrivere un'e-mail al responsabile Erasmus dell'università che hanno scelto. Devono presentarsi (nome, città di provenienza, età, facoltà, semestre) e devono chiedere informazioni sull'inizio dei corsi, la possibilità di fare un corso di lingua, gli eventuali test d'ingresso, ecc.
Prima di dare il via all'attività, illustrate il progetto in ogni suo punto e dite agli studenti che voi siete a disposizione per qualsiasi dubbio o chiarimento.
Si veda anche l'introduzione a p. 8 (Struttura di un'unità – L'ultima pagina – Il progetto).

6 Acquisti per ogni occasione

Tema: fare acquisti.
Obiettivi comunicativi: parlare delle festività; scrivere la lista della spesa; fare la spesa; descrivere e comprare capi di abbigliamento.
Elementi morfosintattici: l'articolo partitivo; la particella *ne*; i pronomi oggetto diretto e la particella *ne* con il passato prossimo; i verbi *sapere* e *potere*; l'imperativo di seconda persona singolare e plurale (forma positiva e negativa); la posizione dei pronomi con l'imperativo di seconda persona; i dimostrativi *questo/quello*; l'aggettivo *bello*.
Lessico: feste e festività; acquisti; alcuni alimenti; le quantità; i capi d'abbigliamento; i materiali; le stoffe; i colori.
Progetto: organizzare una festa di Carnevale della classe; decidere che cosa portare da mangiare e come mascherarsi.

1. Che festa è?

Obiettivi:
a.–b. Introdurre il lessico relativo al campo semantico *feste e festività*;
c. Sviluppare la competenza comunicativa orale.

Procedimento:
a.–b. Seguite le indicazioni del manuale, fate lavorare gli studenti individualmente e poi in coppia. Alla fine controllate in plenum.
Nella consegna del punto *b* si usa la forma impersonale (*Che cosa si fa in Italia...?*) tematizzata nell'unità 4. Se lo ritenete opportuno, potete chiedere agli studenti di svolgere il compito usando la forma impersonale (se necessario, fate un esempio).
Prima di passare al punto successivo, fate osservare agli studenti gli specchietti in turchese a destra e puntualizzate alcuni aspetti. Spiegate che con il termine *i tuoi* in Italia si indicano i genitori. Nel modo di dire in questione, però, il significato è più ampio e *i tuoi* sta a significare i parenti, la famiglia.
Dite anche agli studenti che quando ci si riferisce ai giorni dei mesi si usano i numerali cardinali, eccetto che per il primo giorno di ogni mese, per indicare il quale si usa l'ordinale *primo*.
c. Seguite le indicazioni del manuale.

Elementi di civiltà: Nello svolgere il punto *b*, cogliete l'occasione per spiegare agli studenti perché gli italiani indossano biancheria rossa a Capo-

danno. Il colore rosso è ricco di significati positivi, rappresenta l'amore, la forza, la sicurezza: per questo motivo è di buon auspicio indossarlo nell'accogliere l'anno nuovo.
Secondo alcuni, questa tradizione risalirebbe ai tempi dell'Impero Romano, quando sia uomini che donne amavano indossare qualcosa di rosso per il Capodanno Romano, come portafortuna per la propria salute e per la vita personale.
Secondo altri, invece, la tradizione nasce in Cina: nel simbolismo orientale, infatti, il rosso è il colore dell'augurio, della buona sorte, ed è utilizzato anche per i matrimoni.

Soluzioni:

a. 1. *Capodanno*; 2. *Pasqua*; 3. *Carnevale*; 4. *Natale*

b. Soluzioni possibili: Capodanno: *mangiare il panettone o il pandoro, guardare i fuochi d'artificio, brindare all'anno nuovo, indossare biancheria rossa, fare una festa*; Pasqua: *regalare un uovo di cioccolato, mangiare la colomba, fare una festa*; Carnevale: *mascherarsi, organizzare una festa in maschera, fare scherzi*; Natale: *mangiare il panettone o il pandoro, fare e ricevere regali, stare con la famiglia, fare il presepe, giocare a tombola*

▶II 2. Al supermercato

Trascrizione del dialogo:

- Ah, eccoti finalmente!
- Ciao, Sara! Scusa, c'è un traffico oggi! Allora, aspetta che prendo il carrello… hai la lista?
- Sì, dove l'ho messa? Ah, eccola! Allora: formaggi, verdure… facciamo così: tu vai al banco dei formaggi e io compro le verdure e il resto.
- Che formaggi compro?
- Mah, quattro o cinque tipi, per favore: niente gorgonzola!
- OK!

… …

- Ecco i formaggi! E tu a che punto sei?
- Ho già l'insalata, le olive, i capperi, le lenticchie…
- Ah no, le lenticchie no!
- Come no? Dopo la mezzanotte si mangiano lenticchie e cotechino!
- Ma il cotechino è grassissimo!

- ● Una festa di Capodanno senza lenticchie e cotechino non esiste! Le lenticchie portano fortuna per tutto l'anno nuovo e si mangiano col cotechino! Non vuoi avere un anno fortunato?
- ■ Va bene, va bene!
- ● Adesso le verdure per la caponata: sedano... puoi prendere dei pomodori, per favore?
- ■ Quanti ne prendo?
- ● Mezzo chilo. Melanzane...
- ■ Prendiamo della frutta?
- ● No, la porta Stefano. Giulio e Marisa portano da bere, Andrea e Angela gli antipasti e Riccardo porta le lasagne.
- ■ Riccardo porta le lasagne? Ma sa cucinare?
- ● In realtà no, le fa sua madre.
- ■ Ah! Allora, abbiamo tutto?
- ● No, manca il cotechino!

Obiettivi:
a.–c. Sviluppare la comprensione auditiva; introdurre nuovo lessico relativo agli alimenti.

Procedimento:
a.–c. Seguite le indicazioni del manuale. Fate controllare in coppia e alla fine riportate l'attività in plenum.

Soluzioni:
a. *Per Capodanno.*
b. *formaggio, insalata, olive, capperi, lenticchie, cotechino, sedano, pomodori, melanzane*
c. *Lenticchie e cotechino, perché le lenticchie portano fortuna per tutto l'anno nuovo e si mangiano col cotechino.*

3. Noi mangiamo...

Obiettivo: Sviluppare la competenza comunicativa orale.

Procedimento: Seguite le indicazioni del manuale, formate dei gruppi di tre (diversi da quelli del punto 1c) e fate parlare liberamente gli studenti.

4. Occhio alla lingua!

Obiettivi:

a. Tematizzare gli articoli partitivi, la particella *ne* e le quantità;
b. Sviluppare la competenza comunicativa scritta; esercitare le quantità e il lessico relativo agli alimenti;
c. Esercitare gli articoli partitivi, la particella *ne* e le quantità; sviluppare la competenza comunicativa orale.

Procedimento:

a. Chiedete agli studenti di leggere le frasi tratte dal dialogo del punto 2 e dite loro di completare la regola (che fa riflettere sulla formazione e sulla funzione dell'articolo partitivo). Per quanto riguarda le forme, non dovrebbero esserci problemi perché le preposizioni articolate sono state tematizzate nell'unità 4. Per quanto riguarda la funzione, invece, potete far riflettere gli studenti invitandoli anche a fare confronti con il tedesco.
Prima di passare al punto successivo, soffermatevi sull'ultima riga del riquadro tratteggiato e fate riflettere gli studenti sulla funzione dell'avverbio pronominale *ne*. Chiedete loro a che cosa serve e guidateli a capire che, quando si parla di quantità, *ne* serve ad evitare di ripetere il prodotto in questione (in questo caso i pomodori).
Ne compare qui nella domanda (*Quanti ne prendo?*); servendovi di alcuni esempi, dite agli studenti che si usa anche nelle risposte.
È probabile che qualcuno vi chieda perché si dice *quanti* al plurale; se nessuno lo chiede, chiedetelo voi, esortando gli studenti a trovare la risposta (*quanto* va concordato con il sostantivo a cui si riferisce).
Prima di passare al punto successivo, attirate l'attenzione degli studenti sullo specchietto in turchese a destra (che presenta alcune quantità) e dite loro che normalmente, in Italia, si usa chiedere *un etto di prosciutto* e non *100 grammi di prosciutto* come si fa, ad esempio, in Germania.
b. Ora gli studenti, in coppia, devono organizzare una festa: devono decidere in quale occasione e scrivere la lista della spesa (questo compito è preparatorio rispetto al successivo). Ricordate agli studenti che, nello scrivere la lista, devono prestare particolare attenzione alle quantità.
c. In coppia (ma con un compagno diverso da quello con cui hanno lavorato al punto precedente), gli studenti, partendo dalla lista della spesa che hanno scritto, devono fare dei dialoghi, come al punto 4a, aiutandosi con l'esempio. Dite loro di alternarsi nei ruoli.

Soluzioni:
a. *di + articolo determinativo; singolare, plurale; non precisa*

▸II 5. Ritorno al testo

Obiettivi:
a.–b. Trattare la concordanza della desinenza del participio passato con i pronomi oggetto diretto;
c.–d. Esercitare la struttura appena introdotta.

Procedimento:
a. Fate ascoltare un brano tratto dal dialogo del punto 2 e dite agli studenti di completare la frase.
b. Ora gli studenti, in coppia, devono formulare la regola. Alla fine controllate in plenum.
c. Prima di far completare le frasi, fate notare agli studenti il primo dei due specchietti in turchese a destra, che ricorda che si può mettere l'apostrofo solo al singolare (l'argomento era già stato trattato con gli articoli).
Dopo che gli studenti avranno completato le frasi, fate notare loro, con il secondo specchietto, che il participio si deve concordare anche nel caso che si usi *ne*.
Alla fine controllate in plenum.
d. Seguite le indicazioni del manuale, alla fine riportate l'attività in plenum.

Soluzioni:
a. *l', messa*
b. *il pronome diretto*
c. 1. *l', messo;* 2. *l', messa;* 3. *li, messi;* 4. *le, messe*
d. 1. *l'ha invitata;* 2. *le ho comprate;* 3. *l'ho già letto;* 4. *L'ho incontrata;* 5. *l'ho visto;* 6. *li ho conosciuti;* 7. *l'ho fatta*

6. L'ultima volta che...

Obiettivi: Attivare la struttura introdotta al punto 5 (concordanza della desinenza del participio passato con i pronomi oggetto diretto) e il lessico introdotto al punto 2 (relativo agli alimenti); sviluppare la competenza comunicativa orale.

Procedimento: Seguite le indicazioni del manuale e fate parlare gli studenti a coppie, dicendo loro di alternarsi nei ruoli.

7. Occhio alla lingua!

Obiettivo:
a.–b. Tematizzare la differenza di significato dei verbi *sapere* e *potere*.

Procedimento:
a. Fate lavorare gli studenti in coppia. Chiedete loro di leggere le due frasi e di rispondere alla domanda della consegna. Poi riportate la discussione in plenum e chiedete agli studenti come tradurrebbero nella loro lingua i verbi evidenziati in grassetto (la risposta dei germanofoni sarà, in entrambi i casi, *können*). Chiedete poi se capiscono come mai in italiano ci sono due verbi diversi. Guidateli quindi alla comprensione delle differenze di significato facendo riferimento anche alla sintesi grammaticale alla fine dell'unità.
b. Dite agli studenti di completare le frasi. Alla fine controllate in plenum.

Soluzioni:
a. *Riccardo non sa cucinare.*
b. 1. *sa*; 2. *può*; 3. *sanno*; 4. *possono*

8. Cosa sapete fare in italiano?

Obiettivi: Fissare l'uso del verbo *sapere*; sviluppare la competenza comunicativa scritta e orale.

Procedimento: Seguite le indicazioni del manuale e dite agli studenti di scrivere quattro cose che sanno fare bene e quattro che non sanno ancora fare bene. Poi formate dei piccoli gruppi e dite loro di farsi domande a vicenda su quello che sanno o non sanno fare.

9. Un giorno particolare

Obiettivi:

a.–b. Sviluppare la comprensione della lingua scritta; introdurre il lessico relativo all'ambito semantico *abbigliamento;*

c. Sviluppare la competenza comunicativa orale.

Procedimento:

a.–b. Seguite le indicazioni del manuale. Dopo aver svolto il punto *b*, fate osservare agli studenti lo specchietto in turchese in fondo alla pagina e, se lo ritenete opportuno, fate seguire un piccolo approfondimento lessicale, chiedendo agli studenti se conoscono altri vocaboli appartenenti allo stesso campo semantico e scrivendoli alla lavagna.

c. Formate dei gruppi di tre (diversi da quelli del punto 8) e lasciate che gli studenti parlino liberamente.

Soluzioni:

a. Soluzione possibile: *foto 1*

b. 1. *giacca;* 2. *camicia;* 3. *completo pantalone;* 4. *maglione;* 5. *gonna;* 6. *tailleur;* 7. *scarpe;* 8. *vestito;* 9. *maglietta;* 10. *abito;* 11. *felpa con cappuccio;* 12. *cravatta;* 13. *scarpe da ginnastica;* 14. *camicia*

10. Ritorno al testo

Obiettivi:

a. Introdurre nuovo lessico relativo al campo semantico *abbigliamento* (aggettivi qualificativi), *stoffe e materiali;*

b. Sviluppare la competenza comunicativa orale;

c. Ampliare e fissare il lessico relativo all'ambito semantico *abbigliamento, stoffe e materiali.*

Procedimento:

a. Seguite le indicazioni del manuale e dite agli studenti di completare anche la casella in turchese.

b. Fate leggere agli studenti la consegna, accertatevi che l'abbiano capita e fateli parlare liberamente. Dite loro di aiutarsi con l'esempio e di usare, se necessario, anche parole nuove. Aggiungete che siete a disposizione per rispondere ad eventuali domande.

Prima di cominciare, ricordate velocemente la concordanza del participio (riferendovi all'esempio).

c. Seguite le indicazioni del manuale e, visto che al punto *b* gli studenti useranno probabilmente delle parole nuove, dite loro di farne una lista.

Soluzioni:

a. (dall'alto in basso, da sinistra a destra) *sportivo o casual, in tinta unita, casual o sportivo, scuro*; materiali: *cotone, seta*

11. I colori

Obiettivi:

a.–c. Introdurre i colori;

d. Sviluppare la competenza comunicativa orale.

Procedimento:

a.–b. Seguite le indicazioni del manuale. Fate lavorare gli studenti individualmente e poi in coppia e alla fine controllate in plenum.

c. Chiedete agli studenti di leggere le frasi e di completare la regola. Alla fine riportate l'attività in plenum.

d. Fate leggere la consegna ed accertatevi che il compito sia chiaro, poi lasciate che gli studenti parlino liberamente.

Soluzioni:

a. (da sinistra a destra) *beige; giallo; arancione; verde; azzurro; rosa; rosso; blu; viola; marrone; grigio; nero*

b. *il sostantivo a cui si riferiscono; blu; maschile*

12. A proposito di colori...

Obiettivi:

a. Sviluppare la comprensione della lingua scritta e la competenza comunicativa orale;

b.–c. Tematizzare l'imperativo di seconda persona singolare (forma positiva e negativa) e la posizione dei pronomi.

Procedimento:

a. Fate leggere agli studenti la consegna, accertatevi che l'abbiano capita e date il via all'attività. Prima di far parlare gli studenti, dite loro di leggere il testo individualmente e poi in coppia per aiutarsi a capire le parole difficili. Dichiaratevi a disposizione per eventuali chiarimenti.

b. Seguite le indicazioni del manuale e dite agli studenti di cercare nel testo al punto 12a i verbi usati per dare un consiglio o un suggerimento (fate un esempio). Alla fine controllate in plenum.

c. Ora chiedete agli studenti di completare la regola. Alla fine controllate in plenum.

Soluzioni:

b. 1. *Indossa*; 2. *Scegli*; 3. *Combina, non abbinare*; 4. *Indossa*; 5. *Indossalo*; 6. *Metti*; 7. *Vestiti*

c. *indossa, metti, vestiti; -a, -i, dopo il verbo (si uniscono all'imperativo), non + infinito*

13. Come vestirsi in Italia

Obiettivi:

a. Esercitare l'imperativo di seconda persona singolare;

b. Sviluppare la competenza comunicativa scritta; attivare l'imperativo di seconda persona singolare.

Procedimento:

a. Fate svolgere l'esercizio individualmente e alla fine controllate in plenum.

b. Formate dei gruppi di tre, fate leggere la consegna, accertatevi che il compito sia chiaro e poi date il via all'attività.
Alla fine potete chiedere ai gruppi di leggere i propri testi in plenum e alla classe di scegliere il più interessante.

Soluzione:

a. 1. *Scegli, evita*; 2. *Concentrati*; 3. *Aggiungi*; 4. *Non indossare*; 5. *Cerca, evita*; 6. *Indossa, non mettere, usale*

14. Ritorno al testo

Obiettivi: Tematizzare l'imperativo di seconda persona plurale (forma positiva e negativa) e la posizione dei pronomi.

Procedimento: Seguite le indicazioni del manuale e alla fine riportate l'attività in plenum.

Soluzioni: *indossate, mettete; uguali; dopo il verbo (si uniscono all'imperativo); non + imperativo*

15. Come vi vestite...?

Obiettivi: Sviluppare la competenza comunicativa scritta; attivare l'imperativo di seconda persona plurale.

Procedimento: Seguite le indicazioni del manuale. Potete far lavorare gli studenti individualmente e poi chiedere loro di controllare fra pari, oppure potete far lavorare gli studenti in piccoli gruppi. In ogni caso, alla fine, riportate l'attività in plenum.

▶II 16. Vorrei vedere...

Trascrizione del dialogo:
- ● Buongiorno!
- ■ Ciao!
- ● Vorrei vedere quei jeans che sono in vetrina.
- ■ Quali?
- ● Quelli neri.
- ■ Sì. Che taglia porti?
- ● La 32.
- ■ Vediamo... Ecco la 32, lì c'è la cabina.

... ...
- ■ Come vanno?
- ● Mhh, sono un po' stretti.
- ■ Aspetta, ti porto una taglia più grande. ... Ecco.
- ● Grazie.

- ■ E questi come vanno?
- ● Questi sono perfetti. Quanto vengono?
- ■ Questi vengono 99 euro e 50.
- ● Va bene, li prendo.
- ■ Bene, puoi accomodarti alla cassa.

Obiettivi:
a.–b. Sviluppare la comprensione auditiva; introdurre nuovo lessico relativo all'ambito semantico *abbigliamento* (aggettivi qualificativi).

Procedimento:
a.–b. Seguite le indicazioni del manuale e alla fine controllate in plenum.

Elementi di civiltà: Fate notare che in Italia in molti esercizi pubblici si tende a dare del tu alle persone giovani (come nel caso del dialogo qui analizzato).

Soluzioni:
a. *un paio di jeans; neri; sì*
b. Si veda la trascrizione del dialogo.

17. Ritorno al testo

Obiettivo: Tematizzare alcune funzioni comunicative utili per fare acquisti in un negozio di abbigliamento.

Procedimento: Seguite le indicazioni del manuale e alla fine controllate in plenum.
Attirate l'attenzione degli studenti sugli specchietti a destra che puntualizzano diversi aspetti relativi al lessico del campo semantico *abbigliamento*: alcuni aggettivi qualificativi; i sostantivi *taglia* e *numero* che si riferiscono rispettivamente ai capi di abbigliamento, il primo, e alle calzature, il secondo.

Soluzione: *Che taglia porti? Come vanno? Questi vengono... Vorrei vedere... Questi sono perfetti. Quanto vengono? Va bene, li prendo.*

18. Facciamo shopping!

Obiettivo: Sviluppare la competenza comunicativa orale.

Procedimento: Formate delle coppie e dite agli studenti di leggere la consegna e le istruzioni dei due diversi ruoli. Accertatevi che il compito sia chiaro e lasciateli liberi di parlare. Raccomandate loro di alternarsi nei ruoli.

19. Occhio alla lingua!

Obiettivi:
a.–b. Tematizzare *quello* e *questo* con funzione aggettivale e pronominale; tematizzare l'aggettivo *bello*.

Procedimento:
a. Seguite le indicazioni del manuale ed evidenziate la similitudine tra l'articolo determinativo e *quello* in funzione aggettivale, quindi fate svolgere il punto *b*.
b. Chiedete agli studenti di completare la tabella (inserendo prima gli articoli) e sottolineate che anche *bello*, quando è davanti a un sostantivo, si comporta come *quello*. Fate notare anche gli specchietti in turchese che tematizzano *quello* in funzione pronominale e *questo* (in funzione aggettivale e pronominale), eventualmente fate degli esempi alla lavagna.

Soluzioni:
a. *aggettivo, pronome*
b. *quel; (l') quell', (gli) quegli; (lo) quello, (gli) quegli; (la) quella, (le) quelle; (l') quell', (le) quelle*

20. Un po' di complimenti

Obiettivi: Sviluppare la competenza comunicativa orale; esercitare l'aggettivo *bello*.

Procedimento: Dite agli studenti di leggere la consegna e l'esempio fornito (potete far aggiungere agli studenti stessi un esempio con un capo d'abbigliamento al singolare), chiarite eventuali dubbi e fate svolgere l'attività.

Progetto: Organizziamo una festa di Carnevale

Obiettivi: Attivare e fissare quanto appreso nell'unità attraverso la realizzazione di un progetto.
In questa unità gli studenti devono organizzare una festa di Carnevale della classe, decidere che cosa portare da mangiare e da bere e come mascherarsi.

Procedimento: Per la realizzazione di questo progetto gli studenti:

a. A gruppi di quattro devono decidere cosa portare da mangiare o da bere. Alla prima domanda gli studenti possono rispondere con il verbo *sapere*. Se lo ritenete opportuno, fatelo presente.

b. Poi, in plenum, devono decidere se hanno abbastanza da bere o da mangiare. Per rispondere a questa domanda, gli studenti possono utilizzare il *ne*.

c. Di nuovo a gruppi di quattro devono decidere cosa mettersi per la festa, da cosa mascherarsi.

d. Alla fine, la classe voterà il costume più divertente.
Prima di dare il via all'attività, illustrate il progetto in ogni suo punto e dite agli studenti che voi siete a disposizione per qualsiasi dubbio o chiarimento.
Si veda anche l'introduzione a p. 8 (Struttura di un'unità – L'ultima pagina – Il progetto).

Tema: la casa.
Obiettivi comunicativi: dire cortesemente a qualcuno cosa deve fare; esprimere un desiderio; fare un'ipotesi; descrivere un appartamento; comprendere e scrivere un annuncio immobiliare; prendere un appuntamento per visitare un appartamento.
Elementi morfosintattici: forme e uso del condizionale presente; il presente progressivo (*stare + gerundio*); il pronome relativo *che*; la formazione e l'uso degli avverbi (seconda parte).
Lessico: case, appartamenti e ambienti della casa; annunci immobiliari; i numeri da 100 a 1 miliardo; complementi d'arredo.
Progetto: cercare un coinquilino / una coinquilina; preparare una lista di domande da fargli/le.

1. Abitazioni

Obiettivi:
a.–c. Introdurre il tema dell'unità e il lessico relativo al campo semantico *case e appartamenti*.

Procedimento:
a.–b. Seguite le indicazioni del manuale, fate lavorare gli studenti individualmente e poi in coppia. Alla fine controllate in plenum. Se lo ritenete opportuno, al momento di svolgere il punto *b*, invitate gli studenti, una volta completati gli schemi a ragno, a concordare gli aggettivi dati con i sostantivi del punto *a*.
c. Formate delle coppie (diverse da quelle dei punti precedenti) e chiedete agli studenti di fare delle ipotesi. Alla fine riportate l'attività in plenum.

Soluzioni:
a. 1. *casale;* 2. *condominio / palazzo;* 3. *villetta a schiera;* 4. *casa d'epoca;* 5. *grattacielo;* 6. *villa*
b. Soluzioni possibili: moderno: *condominio / palazzo, villetta a schiera, grattacielo, villa;* pratico: *condominio / palazzo, villetta a schiera, grattacielo, villa;* spazioso: *casale, condominio / palazzo, casa d'epoca, grattacielo, villa;* isolato: *casale, casa d'epoca, villa;* comodo: *condominio / palazzo, villetta a schiera, grattacielo, villa;* tranquillo: *casale, casa*

d'epoca, villa; centrale: *condominio / palazzo; villetta a schiera, casa d'epoca, grattacielo*

c. Soluzioni possibili: Anna: *condominio / palazzo, grattacielo*; Famiglia Tessari: *casale, villetta a schiera, villa*; Laura e Gianluca: *condominio / palazzo, casa d'epoca, grattacielo*

2. Cercasi... Affittasi...

Obiettivi:

a. Ampliare il lessico relativo al campo semantico *case e appartamenti*, in questo caso si tratta degli ambienti della casa.

b.–c. Sviluppare la comprensione della lingua scritta; introdurre i numeri da cento a un miliardo.

Procedimento:

a. Fate lavorare gli studenti individualmente e poi in coppia. Alla fine controllate in plenum. Prima di passare al punto *b*, fate notare agli studenti lo specchietto in turchese in basso a destra, nel quale si evidenziano le forme *cercasi / affittasi* e *si cerca / si affitta*. Si tratta della forme enclitiche (le prime) e proclitiche (le seconde) della terza persona singolare dell'indicativo presente dei verbi *cercare* e *affittare*, nella forma impersonale/ passiva unita alla particella pronominale *si*. In questa sede, non soffermatevi sulle spiegazioni grammaticali, limitatevi a dire che tutte queste forme si usano con un oggetto singolare. Potete anche aggiungere che le forme contratte *cercasi* e *affittasi* si trovano di preferenza nelle inserzioni (rispetto alle corrispettive *si cerca* e *si affitta*) perché consentono di risparmiare parole e quindi soldi.
Se l'oggetto è plurale si usano le forme *cercansi / si cercano* e *affittansi / si affittano*, anche se, negli ultimi tempi, sono sempre meno usate.

b. Seguite le indicazioni del manuale. Fate lavorare gli studenti individualmente e poi in coppia. Alla fine controllate in plenum.
Contestualmente alla lettura degli annunci, fate soffermare gli studenti sullo specchietto in turchese che tematizza i numeri da cento a un miliardo.

c. Fate lavorare gli studenti a coppie. Alla fine riportate l'attività in plenum.

Soluzioni:

a. (in senso orario a partire dall'ingresso): *corridoio, camera (da letto), camera (da letto), camera (da letto), bagno, soggiorno con angolo cottura, balcone*

b. *L'offerta di Paola (in basso a sinistra).*

c. 1. *camera singola;* 2. *camera doppia;* 3. *cucina abitabile;* 4. *angolo cottura;* 5. *arredato;* 6. *affitto;* 7. *spese condominiali;* 8. *ascensore*

3. La mia casa...

Obiettivo: Sviluppare la competenza comunicativa orale.

Procedimento: Seguite le indicazioni del manuale, formate delle coppie (diverse da quelle del punto 2) e lasciate gli studenti liberi di parlare.

▶II 4. Pronto?

Trascrizione del dialogo:

- Pronto?
- ■ Pronto, mi chiamo Valeria Rubini e sto chiamando per la camera libera nel vostro appartamento... ho letto l'annuncio, vorrei sapere se è ancora disponibile.
- Sì, sì, è ancora libera.
- ■ Perfetto, io sarei molto interessata e vorrei avere qualche informazione.
- Sì, certo, dimmi!
- ■ Senti, l'appartamento è lontano dall'università?
- No, no, per niente. Puoi andarci in autobus, ci sono due linee che passano proprio qui sotto, ma puoi andarci anche in bici, ci metti 5 o 6 minuti.
- ■ Bene! Ma quanti inquilini ci sono nell'appartamento?
- Beh, adesso siamo in tre, due ragazze e un ragazzo.
- ■ OK. E la camera libera...?
- È una singola...
- ■ Quindi non la dividerei con nessuno.
- No, no, saresti sola in camera.
- ■ È ammobiliata?
- Beh, sì, c'è l'essenziale: un letto, un comodino, un armadio... ma non c'è la scrivania.

- ■ Non c'è problema, la porterei io. E l'affitto...
- • Allora, sono 375 € al mese, spese comprese.
- ■ Va bene. Senti, io sarei molto interessata, la vedrei volentieri.
- • Allora, dovresti venire quando ci siamo tutti, perché abbiamo la regola che tutti devono essere d'accordo sul nuovo coinquilino, quindi devi conoscere tutti.
- ■ Va bene, quando posso venire?
- • Allora... se vieni mercoledì sera, verso le sei, dovremmo esserci tutti.
- ■ Mercoledì... preferirei un po' più tardi, andrebbe bene alle otto?
- • Alle otto... OK, va bene, lo dico anche agli altri.
- ■ Mi potresti dare l'indirizzo esatto?
- • Sì, certo. L'indirizzo è via...

Obiettivo:
a.–c. Sviluppare la comprensione auditiva.

Procedimento:
a.–c. Seguite le indicazioni del manuale. Fate controllare in coppia e alla fine controllate in plenum.

Soluzioni:
a. *All'offerta di Paola (in basso a sinistra).*
b. 2; 3; 6
c. *Decidono di vedersi mercoledì sera alle otto quando ci sono tutti, perché hanno la regola che tutti devono essere d'accordo sul nuovo coinquilino.*

▶II 5. Ritorno al testo

Obiettivo:
a.–c. Tematizzare le forme del condizionale presente dei verbi regolari e di alcuni irregolari.

Procedimento:
a. Seguite le indicazioni del manuale. Fate controllare a coppie e poi in plenum.
b. Fate completare la tabella individualmente, poi formate delle coppie (le stesse che hanno lavorato insieme al punto precedente) e chiedete agli studenti di riflettere sulla formazione del condizionale presente (forme

regolari). Fate osservare, nei verbi in *-are*, la trasformazione della *-a* dell'infinito in *-e*, insistete sulla corretta pronuncia della prima persona plurale. Alla fine riportate l'attività in plenum.

c. Ora chiedete agli studenti di continuare a lavorare a coppie (le stesse dei punti precedenti), di concentrarsi sulle forme irregolari del condizionale, che compaiono nel dialogo al punto 5a e che vengono fornite, e di rispondere alle domande nel riquadro delineato dalle linee tratteggiate.

Soluzioni:

a. Si veda la trascrizione del dialogo al punto 4.

b. *porterei, dividerei, preferirei, sarei, saresti*

c. *potere (potresti), avere (avrei), dovere (dovresti, dovremmo), vivere (vivrei), vedere (vedrei); andare (andrebbe); rimanere (rimarrei), venire (verrei); stare (starei), fare (farei); -care e -gare; -ciare e -giare*

6. Quando lo usiamo?

Obiettivo: Tematizzare l'uso del condizionale presente.

Procedimento: Seguite le indicazioni del manuale. Fate lavorare gli studenti a coppie (diverse da quelle del punto 5) e alla fine riportate la riflessione in plenum.

Soluzione: formulare un'ipotesi, una supposizione, una possibilità: *non la dividerei con nessuno, saresti sola in camera, la porterei io, dovremmo esserci tutti*; dire cortesemente a qualcuno che cosa deve fare: *dovresti venire*; fare una proposta: *andrebbe bene*; esprimere una richiesta cortese: *mi potresti dare*; esprimere un desiderio: *la vedrei volentieri, preferirei un po' più tardi*

7. La vincita milionaria

Obiettivi:

a. Esercitare le forme del condizionale presente;

b. Attivare le forme e l'uso (esprimere un desiderio) del condizionale presente; sviluppare la competenza comunicativa scritta.

Procedimento:

a. Fate lavorare gli studenti individualmente e poi in coppia. Alla fine controllate in plenum.

b. Fate lavorare gli studenti individualmente e poi in piccoli gruppi. Alla fine potete riportare l'attività in plenum e fare una statistica per scoprire quali sono i desideri più comuni nella classe.

Elementi di civiltà: Prima di passare al punto *b*, spiegate agli studenti la foto a destra del punto *a*: è un *gratta e vinci*, chiamato anche *lotteria istantanea*. Si tratta di un gioco d'azzardo introdotto in Italia il 21 febbraio 1994 dalla Legge Finanziaria '94 del governo Ciampi, gestito dalla Lottomatica per conto dell'Amministrazione Autonoma dei Monopoli di Stato. Le categorie di vincita del *gratta e vinci* tradizionale si dividono in: "fascia bassa", con vincite fino a 500 €, "fascia media", con vincite da 501 € a 10.000 €, e "fascia alta", con vincite superiori a 10.000 €.

Soluzione:

a. *fareste;* 1. *Farei, rimarrei, starei, lavorerei;* 2. *Pagherei, comprerei, dormirei;* 3. *piacerebbe;* 4. *Metterei, andrei, parteciperei;* 5. *Terrei, regalerei*

8. Le cose della casa

Obiettivi:

a. Introdurre nuovo lessico relativo all'ambito semantico *case e appartamenti*, in questo caso si tratta di mobili e suppellettili;

b. Attivare e fissare il lessico introdotto al punto *a*.

Procedimento:

a. Fate lavorare gli studenti individualmente e poi a coppie. Alla fine controllate in plenum.

b. Fate leggere la consegna e l'esempio, chiarite eventuali dubbi, formate dei gruppi di tre e lasciate gli studenti liberi di parlare. Rimanete però a disposizione per offrire degli aiuti lessicali, qualora vi vengano richiesti.

Soluzione:

a. (dall'alto in basso, da sinistra a destra): *vasca da bagno, letto, armadio, comodino, lavatrice, stoviglie, scrivania*

9. Cerco coinquilino – cerco casa

Obiettivi:
a. Sviluppare la competenza comunicativa scritta; attivare il lessico relativo all'ambito semantico *case e appartamenti*;
b. Sviluppare la competenza comunicativa orale.

Procedimento:
a. Formate delle coppie, poi chiedete agli studenti di leggere la consegna, accertatevi che l'abbiano capita e rispondete ad eventuali domande. Quindi date inizio all'attività.
Se lo ritenete opportuno, prima di far svolgere l'attività, fate rileggere i testi del punto 2b e ripassate in plenum il lessico e le funzioni comunicative utili per descrivere un appartamento.
Raccomandatevi che entrambi i componenti della coppia scrivano il testo che hanno prodotto insieme (spiegate che servirà per svolgere il punto successivo).
b. Seguite le indicazioni del manuale e formate delle nuove coppie. Accertatevi che gli studenti abbiano capito la consegna e i testi A e B. Se necessario aiutateli a capire e poi lasciateli liberi di parlare.

10. Occhio alla lingua!

Obiettivo: Tematizzare il presente progressivo (*stare + gerundio*).

Procedimento: Fate leggere agli studenti la frase tratta dal dialogo al punto 4 e specificate che *sto chiamando* è un esempio di presente progressivo. Poi fate completare la regola e fate seguire un controllo in plenum. Passate poi alle forme del gerundio (regolari e irregolari) presentate dalla tabella. Eventualmente, potete ricordare agli studenti che anche *stare* è irregolare.

Soluzione: *stare*

11. Una convivenza perfetta

Obiettivi: Attivare il presente progressivo (*stare + gerundio*); introdurre e fissare il lessico relativo alle *faccende domestiche*.

Procedimento: Fate lavorare gli studenti individualmente e poi in coppia, alla fine controllate in plenum.

Soluzione: 2. *Elisa sta caricando la lavatrice.* 3. *Fabio sta lavando i piatti.* 4. *Isabella sta passando l'aspirapolvere.* 5. *Francesco sta portando via l'immondizia.* 6. *Anna sta pulendo il bagno.*

12. App salvavita per studenti (fuori sede e non solo)

Obiettivi:
a.–b. Sviluppare la comprensione della lingua scritta;
c. Sviluppare la competenza comunicativa orale;
d. Sviluppare la competenza comunicativa scritta.

Procedimento:
a. Fate leggere agli studenti la consegna, accertatevi che l'abbiano capita e date il via all'attività.
b. Seguite le indicazioni del manuale, fate lavorare gli studenti in coppia e alla fine controllate in plenum.
c. Dite agli studenti di leggere la consegna e rispondete ad eventuali dubbi. Poi formate dei gruppi di tre e lasciate gli studenti liberi di parlare. Eventualmente invitateli ad usare il condizionale.
d. Seguite le indicazioni del manuale. Vista la complessità del compito, mettetevi a disposizione degli studenti per rispondere ad eventuali domande (soprattutto di lessico).

Soluzioni:
a. 1. *iWash*; 2. *CleverBuy*; 3. *Ritartreni*; 4. *FlatMates*
b. 1. *decifrare*; 1. *detersivo*; 2. *parola chiave*; 3. *pendolare*; 3. *affidabile*; 3. *visualizzare*; 3. *utenti*; 4. *utile*; 4. *occupazione*; 4. *allegare*

13. Occhio alla lingua!

Obiettivi:
a. Tematizzare il pronome relativo *che*;
b. Esercitare il pronome relativo *che*.

Procedimento:

a.–b. Fate lavorare gli studenti individualmente e in coppia. Alla fine controllate in plenum.

Soluzioni:

a. *invariabile*

b. *1. Ho messo in frigo gli alimenti che ho comprato al supermercato. 2. Ho installato un'app che è molto utile. 3. Negli annunci ho trovato una camera che non è molto cara.*

14. Occhio alla lingua!

Obiettivi:

a. Tematizzare *molto* come aggettivo e avverbio;

b. Esercitare *molto* come aggettivo e avverbio;

c. Riflettere sull'uso dell'avverbio *bene* e dell'aggettivo *buono*.

Procedimento:

a. Fate svolgere l'attività di riflessione grammaticale individualmente e poi a coppie. Se lo ritenete necessario, potete ricordare agli studenti la differenza tra aggettivo e avverbio, oppure potete rimandare o ritornare alla lezione 5, dove si introduce il tema. Alla fine controllare in plenum.

b. Seguite le indicazioni del manuale.

c. Fate lavorare gli studenti a coppie e poi, facendo riferimento alla sintesi grammaticale alla fine dell'unità, riportate la riflessione in plenum. In questo caso, potrebbe essere utile fare un confronto con il tedesco, visto che, in tedesco, si dice soltanto *gut* e la resa in italiano porta frequentemente ad errori.

Soluzioni:

a. *aggettivo; avverbio; invariabile; variabile*

b. *molti, molte, molto, molte, molti, molti, molto, molto, molto*

c. *1. bene; 2. buona; 3. bene; 4. buono; 5. buoni; 6. bene*

15. E tu sei fuori sede?

Obiettivo: Sviluppare la competenza comunicativa orale.

Procedimento: Fate leggere la consegna agli studenti, accertatevi che l'abbiano capita, poi formate dei gruppi di tre e lasciate che parlino liberamente.

Progetto: Prepariamo un colloquio con un aspirante coinquilino / un'aspirante coinquilina

Obiettivi: Attivare e fissare quanto appreso nell'unità attraverso la realizzazione di un progetto.
In questa unità gli studenti hanno una stanza libera nel loro appartamento e hanno messo un annuncio in rete per affittarla. Uno studente / Una studentessa ha telefonato per poter vedere la camera. Gli studenti vogliono conoscerlo/la e capire che tipo è. Quindi preparano una serie di domande.

Procedimento: Per la realizzazione di questo progetto gli studenti:

a. A gruppi di tre, devono scrivere una lista delle cose che un buon inquilino / una buona inquilina dovrebbe e non dovrebbe fare.

b. Rimanendo negli stessi gruppi, in base ai risultati del punto *a*, devono scrivere una serie di domande da fare all'aspirante coinquilino/a per capire se è la persona giusta.

c. Poi, in plenum, devono confrontare le domande, che hanno preparato nei gruppi, e decidere quali sono quelle fondamentali da fare.

d. Alla fine, a gruppi di tre (ma diversi dai precedenti), devono dar vita ad un role-play: uno degli studenti è l'aspirante coinquilino/a al quale / alla quale gli altri due fanno le domande preparate ai punti *b* e *c*. Alla fine i due dovranno decidere se la persona è adatta a vivere con loro.
Si veda anche l'introduzione a p. 8 (Struttura di un'unità – L'ultima pagina – Il progetto).

Elementi di civiltà: Fate presente agli studenti che in italiano non esiste un termine preciso (come per esempio il tedesco *Wohngemeinschaft* o semplicemente *WG*) per indicare un gruppo di persone che abitano insieme senza essere una famiglia. In italiano basta dire che si abita con altre persone o che si divide l'appartamento con altre persone.

Tema: Internet, i social network o reti sociali, la famiglia e l'infanzia.
Obiettivi comunicativi: parlare di abitudini e situazioni del passato; parlare dei ricordi d'infanzia; descrivere l'aspetto e il carattere di una persona; parlare della propria famiglia.
Elementi morfosintattici: forme e uso dell'indicativo imperfetto; l'uso dell'imperfetto con *mentre*; le forme toniche dei pronomi personali soggetto e complemento; gli aggettivi possessivi con i nomi di parentela; il superlativo assoluto.
Lessico: Internet e reti sociali; aspetto e carattere di una persona; i nomi di parentela.
Progetto: creare un servizio di social network della classe; cercare il partner ideale per studiare l'italiano.

1. Che cos'è?

Obiettivi:
a.–b. Introdurre il tema dell'unità (Internet e i social network) e il lessico relativo.

Procedimento:
a. Formate delle coppie e dite agli studenti se conoscono il significato delle espressioni date. Se non lo conoscono fornitelo voi.
b. Ora fate lavorare gli studenti in piccoli gruppi e dite loro di provare ad indovinare a cosa si riferiscono le espressioni del punto *a*. Alla fine riportate l'attività in plenum. La risposta (Internet) dovrebbe arrivarvi senz'altro da un pubblico giovane, comunque se non dovessero darvela fornitela voi.

2. La vita prima di Internet

Obiettivo:
a.–b. Sviluppare la comprensione della lingua scritta.

Procedimento:
a.–b. Seguite le indicazioni del manuale. Fate controllare a coppie e poi controllate in plenum.

Soluzioni:

a. *testo a – foto 3; testo b – foto 4; testo c – foto 2; testo d – foto 1*
b. *1. noiosissime; 2. avvento; 2. tesine; 4. cartina*

3. E voi?

Obiettivo: Sviluppare la competenza comunicativa orale.

Procedimento: Chiedete agli studenti di leggere la consegna, accertatevi che sia chiara e lasciate che parlino liberamente in piccoli gruppi.

4. Occhio alla lingua!

Obiettivo:
a.–b. Tematizzare le forme dell'indicativo imperfetto.

Procedimento:

a. Seguite le indicazioni del manuale e dite agli studenti di cercare nel testo al punto 2a tutte le forme dell'imperfetto. Fate un esempio e lasciate lavorare gli studenti. Poi chiedete loro di completare la tabella.
b. Infine controllate in plenum e fate riflettere gli studenti sulla formazione dell'imperfetto dei verbi regolari. Poi soffermatevi su *finire*: ricordate loro che è un verbo che al presente funziona come *preferire* (trattato nell'unità 2). Chiedete quindi che differenza c'è fra la formazione del presente e quella dell'imperfetto dei verbi appartenenti a questa categoria (all'imperfetto l'infisso *-isc-* non compare e perciò questi verbi si coniugano come tutti gli altri verbi in *-ire*). Potete accertarvi che gli studenti abbiano capito chiedendo com'è l'imperfetto di *preferire*. Evidenziate anche *essere* nonché *fare*, *bere* e *dire*, chiedendo agli studenti di spiegarvi la particolarità di questi verbi (dovrebbero saperlo, visto che li hanno già trattati studiando il gerundio, introdotto al punto 10 dell'unità 7. In ogni caso fate riferimento alla sintesi grammaticale alla fine dell'unità.

Soluzioni:

a. testo: *si scrivevano, si passavano, si consultava, si andava, si cercavano, Era, si poteva, si desiderava, significava, Si organizzava, era, ci si orientava, studiava, cercava, era, ci si perdeva, si finiva*; tabella: *cercavano, scrivevano, finiva, era*

5. Gara di verbi

Obiettivo: Fissare le forme dell'indicativo imperfetto.

Procedimento: Fate leggere la consegna e accertatevi che sia chiara. Poi formate delle coppie e date inizio all'attività. Dite agli studenti che, se dovessero avere dei dubbi, possono verificare nella sintesi grammaticale o chiedere a voi. Ricordate loro, inoltre, di prestare particolare attenzione alla pronuncia della terza persona plurale (posizione dell'accento).

6. Occhio alla lingua!

Obiettivo:
a.–b. Tematizzare l'uso dell'indicativo imperfetto.

Procedimento:
a. Seguite le indicazioni del manuale. Fate lavorare gli studenti individualmente e poi in coppia. Alla fine riportate l'attività in plenum.
b. Ora dite agli studenti di completare la regola. Alla fine controllate in plenum.
L'uso dell'imperfetto può risultare ostico per non pochi studenti perché in alcune lingue, come quella tedesca, non esiste un tempo che corrisponda esattamente all'imperfetto italiano, motivo per cui i discenti saranno costretti a costruirsi una nuova categoria mentale.
Sarà bene avvertirli che questo processo richiede tempo, pazienza e soprattutto molti contatti con la lingua italiana.

Soluzioni:
a. azioni abituali: 2, 4 *(primo verbo: "si organizzava")*, 5; situazione: 3, 4 *(secondo verbo: "non era sempre facile")*
b. *azioni abituali; situazione*

7. La vita prima dei social network

Obiettivo: Esercitare le forme dell'indicativo imperfetto.

Procedimento: Fate lavorare gli studenti individualmente e poi in coppia. Alla fine controllate in plenum.

Soluzione: *era, era, c'erano, sgridavano, esistevano, diventavano, odiavamo, usavamo, potevamo, eravamo*

8. Io sono su...

Obiettivo: Sviluppare la produzione orale.

Procedimento: Fate leggere la consegna ed accertatevi che sia chiara. Poi formate dei gruppi di tre e lasciate gli studenti liberi di parlare.

9. Occhio alla lingua!

Obiettivi:
a. Trattare l'uso dell'imperfetto con *mentre*;
b. Esercitare l'uso dell'imperfetto con *mentre*; sviluppare la competenza comunicativa scritta.

Procedimento:
a. Fate lavorare gli studenti individualmente e poi in coppia. Alla fine riportate la riflessione in plenum, facendo riferimento anche alla sintesi grammaticale alla fine dell'unità.
b. Seguite le indicazioni del manuale. Alla fine controllate in plenum.

Soluzioni:
a. *mentre; imperfetto*
b. Soluzione possibile: *Mentre Enrico guardava un film al computer, Maria scriveva un messaggio. Mentre Claudia e Lorenzo tornavano a casa, parlavano delle lezioni / chiacchieravano. Mentre Paolo controllava la posta, Michele e Luca ascoltavano musica.*

10. I dieci tipo di foto profilo più comuni: tu quali usi?

Obiettivi:
a. Sviluppare la competenza comunicativa orale;
b. Sviluppare la comprensione della lingua scritta;
c.–d. Introdurre il lessico utile per descrivere il carattere di una persona.

Procedimento:
a. Fate leggere la consegna, chiarite eventuali dubbi, formate dei piccoli gruppi e lasciate parlare liberamente gli studenti.
b. Seguite le indicazioni del manuale. Fate lavorare gli studenti dapprima individualmente e poi nei gruppi del punto precedente. Alla fine riportate l'attività in plenum.
c.–d. Fate lavorare gli studenti individualmente e poi in coppia. Alla fine controllate in plenum.

Soluzioni:
c. (da sinistra a destra) *sincero; sicuro di sé; estroverso; ironico* (ma è accettabile anche *buffone*); *un tenerone*
d. *disordinato / ordinato; simpatico / antipatico; allegro / triste; aperto / timido*

11. E tu come sei e com'eri?

Obiettivo: Sviluppare la competenza comunicativa orale.

Procedimento: Fate leggere la consegna. Chiarite eventuali dubbi, formate dei gruppi di tre e lasciate che gli studenti parlino liberamente.

12. Occhio alla lingua!

Obiettivi: Tematizzare le forme toniche dei pronomi personali soggetto e complemento.

Procedimento: Seguite le indicazioni del manuale e chiedete agli studenti di leggere le frasi tratte dal punto 10b. Dite loro di completare la tabella e poi la regola. Alla fine riportate l'attività in plenum. Potete, eventualmente, dire agli studenti che i pronomi tonici si usano, oltre che dopo le preposizioni, anche quando se ne vuole accentuare la funzione (si sente anche nel tono della voce).

Soluzione: *te; preposizioni*

13. Dibattito: io e i social

Obiettivi:

a. Esercitare le forme toniche dei pronomi personali soggetto e complemento;
b. Sviluppare la competenza comunicativa scritta; attivare le forme toniche dei pronomi personali soggetto e complemento.

Procedimento:

a. Fate lavorare gli studenti individualmente e in coppia. Alla fine controllate in plenum. Potete anche farvi dire dagli studenti quali pronomi vengono usati come soggetto e quali come complemento.
b. Seguite le indicazioni del manuale. Prima di far confrontare le produzioni scritte in plenum, potete far lavorare gli studenti in coppia, dicendo loro di leggere i rispettivi testi uno dopo l'altro e di provare a correggerli. Durante il lavoro di correzione fra pari, voi sarete a disposizione per rispondere ad eventuali domande.

Soluzione:

a. *me; voi; me; io; me; loro*

14. Ma le foto non sempre dicono la verità...

Obiettivi:

a. Introdurre il lessico utile per descrivere l'aspetto fisico di una persona; sviluppare la competenza comunicativa scritta;
b. Attivare il lessico introdotto al punto precedente; sviluppare la competenza comunicativa scritta.

Procedimento:

a. Fate leggere agli studenti la consegna, assicuratevi che l'abbiano capita e formate delle coppie. Prima di svolgere l'attività, dite agli studenti di leggere il riquadro in turchese e chiarite eventuali dubbi. Alla fine controllate in plenum. Perché l'attività funzioni, è importante che gli studenti non guardino la pagina successiva. Perciò dite loro simpaticamente, ma fermamente, di non girare la pagina.

b. A questo punto gli studenti possono girare la pagina. Seguite le indicazioni del manuale e fate lavorare gli studenti in coppia (le stesse del punto *a*). Alla fine riportate l'attività in plenum.

Soluzioni possibili:

a. *Marta è alta, magra e ha i capelli lunghi, lisci e biondi. Ha gli occhi azzurri ed è bella. Enzo è alto e magro e ha i capelli castani, lisci e corti. Ha gli occhi verdi ed è bello.*

b. *In realtà Marta è bassa e robusta. Ha i capelli corti, lisci e castani. Ha gli occhi azzurri e non è molto bella. Enzo è basso e robusto. È calvo, ha gli occhi verdi e non è molto bello.*

15. I pro e i contro

Obiettivi: Sviluppare la competenza comunicativa scritta; attivare l'indicativo imperfetto; attivare il lessico utile per parlare di Internet e dei social network.

Procedimento: Fate leggere la consegna, rispondete ad eventuali domande e formate dei gruppi di tre. Poi lasciate che gli studenti compilino le liste. Alla fine riportate l'attività in plenum.

▶II 16. Genitori vs figli

Trascrizione del dialogo:

- ● Claudia, tu hai due figli, no?
- ■ Sì, un figlio di 18 e una figlia di 15.
- ● E usano i social?
- ■ Sì, certo. Mio figlio è su Facebook, credo anche su Twitter e Instagram. Mia figlia invece non è su Facebook ma è su Instagram e usa Snapchat.
- ● Quanto li usano?
- ■ Tantissimo, tutti i giorni postano messaggi, foto, video, ci stanno almeno due ore, forse di più.

- • E tu sei d'accordo?
- ■ Mah, chiaramente non posso impedire l'uso dei social, ma noi genitori abbiamo cercato di regolarne l'accesso, quindi in certe ore della giornata non possono usare Internet perché devono fare i compiti. Praticamente io e mio marito abbiamo stabilito degli orari in cui non è possibile navigare.
- • E tu usi i social?
- ■ Io no, mio marito sì.
- • Secondo te, quale ruolo hanno i social nella vita dei tuoi figli?
- ■ Beh, un ruolo fondamentale. I miei figli comunicano su queste piattaforme, se vogliono fare qualcosa con gli amici, se vogliono organizzare qualcosa, ma anche se vogliono condividere un'esperienza, ecco, loro fanno tutto questo sui social.
- • Quindi una giovinezza diversa dalla tua...
- ■ Sicuramente. Quando io avevo la loro età, e abitavo in un piccolo paese, ci incontravamo fuori, in piazza, che era il punto di incontro. E poi decidevamo che cosa fare. Quindi eravamo sempre fuori. Ma anche quand'ero piccola io stavo moltissimo all'aria aperta, giocavo fuori con i miei cugini e mia sorella, facevamo giri in bicicletta, io poi andavo spesso a pesca con mio padre.
- • E la televisione?
- ■ Beh, quand'ero piccola potevo guardare la televisione a un'ora prestabilita e poi basta. Alcune volte andavo da mia nonna, perché lì potevo guardarla un po' di più. I miei figli non guardano la TV. Se vogliono vedere qualcosa, la guardano al computer.

Obiettivo:

a.–c. Sviluppare la comprensione auditiva.

Procedimento:

a.–c. Seguite le indicazioni del manuale. Fate controllare in coppia e alla fine controllate in plenum.

Soluzioni:

a. *Dell'uso dei social network che fanno i giovani (i figli di Claudia); della giovinezza e l'infanzia di Claudia e dei suoi figli.*

b. *Claudia incontrava i suoi amici fuori casa, in piazza. Da piccola stava molto all'aria aperta: giocava fuori, andava in bicicletta con i cugini e la sorella e a pesca con il papà. A casa vedeva la televisione a orari stabiliti, mentre dalla nonna poteva vederla un po' di più.*

I figli di Claudia comunicano con gli amici sui social: condividono esperienze, organizzano eventi, ecc. Non guardano la TV. Se, ad esempio, vogliono vedere un film, lo guardano al computer.

c. 2; 4

17. La mia infanzia

Obiettivo: Sviluppare la competenza comunicativa orale.

Procedimento: Fate leggere la consegna e accertatevi che sia chiara. Poi formate dei gruppi di tre e fate parlare liberamente gli studenti.

▶II 18. La famiglia di Claudia

Obiettivi:

a.–b. Introdurre e fissare i nomi di parentela.

Procedimento:

a. Seguite le indicazioni del manuale. Fate controllare a coppie e poi controllate in plenum.

b. Formate dei piccoli gruppi e dite agli studenti di completare l'albero genealogico di Claudia. Alla fine riportate l'attività in plenum. Se lo ritenete opportuno, potete aggiungere che il termine *nipote*, in italiano, indica due gradi di parentela diversi, che, in altre lingue (ad esempio in tedesco) vengono distinti.

Soluzioni:

a. *padre; nonna; genitori; figlio; figlia; sorella; marito; cugini (cugino e cugina)*

b. (dall'alto in basso, da sinistra a destra): *nonno, nonna, padre, madre, zio / zia, marito, sorella / fratello, cognato / cognata, figlia, nipote*

19. Ritorno al testo

Obiettivi:

a. Introdurre gli aggettivi possessivi con i nomi di parentela;

b.–c. Tematizzare e fissare l'uso degli articoli davanti agli aggettivi possessivi con i nomi di parentela.

Procedimento:

a. Seguite le indicazioni del manuale, fate lavorare gli studenti in coppia e alla fine controllate in plenum.

b. Chiedete agli studenti (sempre in coppia) di rileggere le frasi del punto *a* e di riflettere sull'uso degli articoli davanti agli aggettivi possessivi con i nomi di parentela. Dite loro di completare solo le prime due frasi del riquadro giallo. Alla fine riportate la riflessione in plenum.

c. Ora fate lavorare gli studenti individualmente e dite loro di completare la tabella con gli aggettivi possessivi. Fate controllare in coppia e poi controllate in plenum.

d. A questo punto formate di nuovo le coppie (le stesse dei punti *a* e *b*) e chiedete agli studenti di osservare l'aggettivo *loro* nella tabella al punto *c*. Cosa notano rispetto all'articolo? Riportate la riflessione in plenum e fate completare la regola al punto *b*.
Se lo ritenete opportuno, alla regola generale sull'uso dell'articolo con i nomi di parentela al singolare, potete aggiungere che fanno eccezione i nomi di parentela accompagnati da un aggettivo (ad esempio *nonno paterno*) o usati in forma alterata (diminutivi, vezzeggiativi), con i quali si usa l'articolo anche al singolare.

Soluzioni:

a. *Mio; Mia; I miei; i miei; mia; mio*

b. *con i possessivi che precedono nomi di parentela al plurale; con i possessivi che precedono nomi di parentela al singolare; sia al singolare che al plurale.*

c.

io	il mio	mio	i miei
tu	la tua	tua	le tue
lui/lei	la sua	suo	i suoi
noi	il nostro	nostra	le nostre
voi	la vostra	vostra	i vostri

20. A chi somiglio?

Obiettivi: Sviluppare la competenza comunicativa orale; attivare il lessico utile per descrivere l'aspetto fisico di una persona; attivare l'uso degli aggettivi possessivi con i nomi di parentela.

Procedimento: Fate leggere la consegna e l'esempio, accertatevi che siano chiari, poi formate delle coppie e lasciate che gli studenti parlino liberamente.
Per rendere l'attività più stimolante, potete fare un esempio voi, mostrando una foto della vostra famiglia. Se voi per primi vi metterete in gioco, anche gli studenti saranno pronti a farlo.
E potete anche pensare, nel programmare le lezioni, di chiedere agli studenti di portare, il giorno in cui prevedete di svolgere questa attività, una foto della propria famiglia.

21. Occhio alla lingua!

Obiettivi:
a. Introdurre il superlativo assoluto;
b. Attivare e fissare il superlativo assoluto.

Procedimento:
a. Chiedete agli studenti di leggere le frasi tratte dal testo al punto 2 e dal dialogo al punto 16 e di riflettere sulla formazione e sull'uso del superlativo assoluto.
Fate lavorare gli studenti in coppia e alla fine riportate l'attività in plenum, rispondendo alle domande della consegna. Contestualmente, attirate l'attenzione degli studenti su *moltissimo* (ultima frase), chiedete loro che cos'è (si tratta del superlativo di *molto* usato in funzione avverbiale) e sottolineate che la desinenza *-o* dell'avverbio è invariabile.
b. Formate dei piccoli gruppi. Dite di leggere la consegna e l'esempio, accertatevi che siano chiari e lasciate gli studenti liberi di giocare.

Soluzioni:
a. *Il superlativo assoluto si forma aggiungendo il suffisso -issimo all'aggettivo. Serve ad indicare la qualità al massimo grado, senza nessun confronto.*

b. Soluzioni possibili: Internet è *utilissimo, comodissimo...*; il gelato è *buonissimo, freschissimo...*; la lingua italiana è *bellissima, interessantissima...*; l'insegnante d'italiano è *simpaticissimo/a, bravissimo/a...*

Progetto: Il nostro social network

Obiettivi: Attivare e fissare quanto appreso nell'unità attraverso la realizzazione di un progetto.
In questa unità gli studenti devono creare un servizio di social network della classe; scrivere il proprio profilo e cercare il partner di studio ideale.

Procedimento: Per la realizzazione di questo progetto gli studenti:

a. Individualmente, devono scrivere il proprio profilo (completo di foto), specificando: carattere, interessi, abitudini e metodo di studio da bambini e oggi.

b. Poi, in plenum, devono condividere tutti i profili (mettendoli alla lavagna) e cercare il compagno ideale per studiare l'italiano.
Alla fine devono dare un nome al sito e, se vogliono, possono provare a progettarne realmente la *home*.
Si veda anche l'introduzione a p. 8 (Struttura di un'unità – L'ultima pagina – Il progetto).

Come già specificato nell'introduzione (p. 24, Fonetica), la sezione *Phonetik* raccoglie i principali fenomeni della fonetica italiana incontrati nelle otto unità del manuale. Partendo da elementi comparsi nel corso delle unità o anche da spunti esterni, si procede all'identificazione e alla formulazione delle regole. Segue l'applicazione pratica in appositi esercizi di pronuncia e intonazione.
La scelta di raccogliere la fonetica in un'unica sezione alla fine delle otto unità è motivata dalla volontà di lasciare piena autonomia agli insegnanti, che saranno pertanto liberi di far svolgere i diversi punti quando lo riterranno opportuno.
Prima di affrontare questo argomento, accertatevi che gli studenti conoscano l'alfabeto fonetico: in questo manuale è stato adottato l'alfabeto fonetico internazionale (IPA: *International Phonetic Alphabet*).

▶II 1. /k/ o /ʧ/?

Obiettivo: Trattare la pronuncia e l'ortografia dei suoni /k/ e /ʧ/.

Procedimento:
a. Chiedete agli studenti di ascoltare e contemporaneamente leggere il dialogo, facendo particolare attenzione alla pronuncia delle parole evidenziate. Potrà essere necessario un secondo ascolto.
b. Chiedete di riflettere ora sulla pronuncia dei gruppi di lettere riportati e di scrivere la regola. Seguirà un controllo in plenum.
c. Spiegate che la regola appena vista vale anche nel caso in cui la "c" sia doppia. Fate ascoltare le parole e in seguito fatele ripetere.
d. Chiedete agli studenti di leggere le parole della lista e di ordinarle secondo la pronuncia: date loro qualche minuto di tempo. Il controllo seguirà alla lavagna (oppure su lucido o su una slide): saranno gli studenti a leggere le parole, dando così la soluzione.

Soluzioni:
b. /ʧ/; /k/; /k/
d. /k/: *casa, Chianti, perché, ecco, chiedere, curriculum, continuare, cultura, categoria*; /ʧ/: *società, città, partecipare, percentuale, certo*

⏯ 2. Il suono /kw/

Obiettivi: Presentare e fissare la pronuncia di /kw/.

Procedimento:
a. Fate ascoltare le parole e chiedete di fare attenzione alla pronuncia del gruppo *qua, que, qui, quo*.
b. Ora fate ripetere le parole riportate.

⏯ 3. /g/ o /ʤ/?

Obiettivo: Trattare la pronuncia e l'ortografia dei suoni /g/ e /ʤ/.

Procedimento: Chiedete agli studenti di riassumere le regole di pronuncia di /k/ e /ʧ/ e spiegate che le stesse regole valgono per la pronuncia di /g/ e /ʤ/. Fate ascoltare poi le parole del punto 3, chiedendo di fare attenzione alla pronuncia dei suoni suddetti. In seguito gli studenti completeranno la regola. Seguirà un controllo in plenum.
Alla fine di questo punto potete far leggere le parole ad alta voce agli studenti.

Soluzione: /g/; /g/; /ʤ/

⏯ 4. Il suono /gw/

Obiettivi: Presentare e fissare la pronuncia di /gw/.

Procedimento: Fate sentire la pronuncia delle parole e fatele ripetere agli studenti.

⏯ 5. /ʧ/ o /ʤ/?

Obiettivo: Differenziare i due suoni.

Procedimento: Spiegate agli studenti che sentiranno gruppi di due parole le quali hanno significati diversi a seconda che contengano il suono /ʧ/ o il

suono /ʤ/. Dite loro che la prima crocetta e già stata messa. Probabilmente saranno necessari due ascolti. Controllate poi in plenum.
La lista delle parole è la seguente: 1. *cucina*; 2. *cugina*; 3. *giro*; 4. *Ciro*; 5. *città*; 6. *gita*; 7. *celato*; 8. *gelato*; 9. *genere*; 10. *cenere*; 11. *ciglio*; 12. *giglio*; 13. *Gina*; 14. *Cina*.

Soluzione: /ʧ/: *cucina, Ciro, città, celato, cenere, ciglio, Cina*; /ʤ/: *cugina, giro, gita, gelato, genere, giglio, Gina*

▶II 6. ‹gi+vocale› e ‹ci+vocale›

Obiettivo: Trattare la "i muta" nei gruppi *cia, cio, ciu, cie, gia, gio, giu, gie*, quando non accentata.

Procedimento: Fate ascoltare le parole e chiedete agli studenti di fare attenzione alla pronuncia dei gruppi *gia, giu, gio, cia* e *cio*. Chiedete di segnare le parole dove in questi gruppi si pronuncia la "i". Fate un controllo in plenum e spiegate che normalmente in questi gruppi la "i" si pronuncia solo quando è portatrice di accento tonico.

Soluzione: *biologia; farmacia; Lucia*

▶II 7. L'accentazione delle parole – accento tonico e grafico

Obiettivo: Riflettere su accento tonico e grafico.

Procedimento:
a.–b. Seguite le indicazioni del manuale.
Dopo aver svolto il punto *b*, avviate una riflessione sulle regole fonologiche dell'italiano facendo presente che tali regole sono importanti quanto quelle grammaticali: l'accentazione, per esempio, può anche cambiare il significato di una parola (per esempio *pero / però, leggero / leggerò*). E poiché in italiano l'accento non si scrive sempre (per esempio *ancora / ancora*) è particolarmente importante riflettere su questo fenomeno. Passate dunque al punto *c*.
c.–d. Procedete come per l'analisi linguistica, facendovi fornire la regola dagli studenti. Consigliate loro di abituarsi a prendere nota della sillaba

tonica dei vocaboli nuovi per poter imparare (o esercitare) l'intonazione nel momento stesso in cui li memorizzano (o li ripetono).
Per controllare la soluzione dell'esercizio vi converrà riprodurre il punto su lucido o su una slide.

Soluzioni:

a. *università, ordinano, lavoretto, praticano, telefono, libreria, mattina, austriaco, però, telefonano, lunedì, sabato*

c. *Normalmente solo sull'ultima lettera (di solito grave per a, i, u; l'accento acuto distingue la "é" chiusa).*

d. *Nelle parole tronche (con accento grafico finale); nelle parole di due sillabe e senza accento grafico (accento sulla prima); nella maggior parte delle parole in -eria e -zia.*

8. L'accentazione dei verbi al presente

Obiettivo: Sistematizzare l'accentazione delle forme verbali apprese finora.

Procedimento:
Seguite le indicazioni del manuale.
Per controllare la soluzione dell'esercizio vi converrà riprodurre il punto su lucido o su una slide.

Soluzione:
abitare: abito, abiti, abita, abitiamo, abitate, abitano
prendere: prendo, prendi, prende, prendiamo, prendete, prendono
dormire: dormo, dormi, dorme, dormiamo, dormite, dormono

9. Intonazione

Obiettivi: Analizzare e fissare l'intonazione in frasi interrogative ed enunciative.

Procedimento: Prima di far ascoltare le frasi, riprendete la riflessione sulla "melodia" dell'italiano, evidenziando la funzione comunicativa dell'intonazione: essa consente a chi parla di trasmettere, per esempio, precise informazioni sul tipo di frase che sta pronunciando e quindi sul tipo di reazione che si aspetta dall'interlocutore. A chi ascolta essa consente di identificare la situazione comunicativa in cui si trova e di reagire in modo adeguato. Per esempio, è grazie all'intonazione che possiamo distinguere fra domanda e risposta (in molti casi non esiste altro mezzo). Passate quindi all'ascolto delle frasi.

a.–b. Fate svolgere queste attività come indicato nel manuale.
A conclusione del punto *b* potete chiedere ad uno studente di venire a segnare le freccette sul vostro lucido.

c.–d. Seguite le indicazioni del manuale.

Soluzioni:

b. *I panini sono caldi?* (↗) – *I panini sono caldi.* (↘);
Non hanno le pizzette? (↗) – *Non hanno le pizzette.* (↘);
Tutto bene? (↗) – *Tutto bene.* (↘);
Faccio io lo scontrino? (↗) – *Faccio io lo scontrino.* (↘)

c. 1. (?); 2. (.); 3. (?); 4. (.); 5. (.); 6. (?); 7. (?); 8. (.); 9. (?); 10. (.); 11. (.); 12. (?); 13. (.); 14. (?); 15. (?); 16. (.); 17. (.); 18. (?)

▶II 10. La pronuncia di /l/ e /ʎ/

Obiettivo: Trattare la pronuncia e l'ortografia dei suoni /l/ e /ʎ/.

Procedimento:

a. Fate ascoltare le parole e chiedete di fare attenzione alla pronuncia del gruppo consonantico *gl*, chiedete poi agli studenti di completare la regola sottostante. Alla fine fate ripetere i vocaboli.

b. Dite agli studenti che ascolteranno coppie di parole che hanno significato diverso a seconda che contengano /l/ o /ʎ/. Il loro compito è quello di mettere, per ogni parola, una crocetta nel quadratino corrispondente al suono che sentono. Fate ascoltare una volta, poi confrontare con un compagno. Fate ascoltare una seconda volta per controllo e poi verificate in plenum.
La lista delle parole è la seguente: 1. *li*; 2. *gli*; 3. *Italia*; 4. *taglia*; 5. *paglia*; 6. *palla*; 7. *vela*; 8. *veglia*; 9. *olio*; 10. *voglio*; 11. *foglia*; 12. *folla*; 13. *allo*; 14. *aglio*; 15. *sbagliare*; 16. *sballare*; 17. *quelli*; 18. *quegli*; 19. *coglie*; 20. *colle*.

Soluzioni:
a. /ʎ/; /gl/; /gl/
b. /l/: *li, Italia, palla, vela, olio, folla, allo, sballare, quelli, colle*; /ʎ/: *gli, taglia, paglia, veglia, voglio, foglia, aglio, sbagliare, quegli, coglie*

▶II 11. La pronuncia di /n/ e /ɲ/

Obiettivo: Trattare la pronuncia e l'ortografia dei suoni /n/ e /ɲ/.

Procedimento:
a. Fate ascoltare le parole chiedendo agli studenti di concentrarsi sulla pronuncia del gruppo consonantico *gn*. Poi fate ripetere i vocaboli.
b. Fate ascoltare e ripetere differenziando bene i suoni /n/ e /ɲ/.

12. Sciogli la lingua!

Obiettivo: Esercitare la pronuncia dei suoni /l/, /ʎ/, /n/ e /ɲ/.

Procedimento: Formate delle coppie e dite agli studenti di provare a leggere gli scioglilingua, per vedere chi riesce a pronunciarne almeno uno in modo scorrevole e senza errori. Se volete, prima di lasciar lavorare le coppie, potete fare una prova facendo leggere uno scioglilingua a tutta la classe in coro.

▶II 13. /sk/ o /ʃ/?

Obiettivo: Trattare la pronuncia e l'ortografia dei suoni /sk/ e /ʃ/.

Procedimento:
a. Seguite le indicazioni del manuale e procedete con il punto *b*.
b. Chiedete agli studenti di ascoltare le parole facendo particolarmente attenzione alla pronuncia del gruppo *sc*. Fate poi scrivere la regola. Seguirà un controllo in plenum. Alla fine di questo punto fate leggere le parole ad alta voce per accertarvi che la regola sia chiara.

Soluzione:
b. 1. *Davanti alle vocali "a, o, u" e alla "h". 2. Davanti alle vocali "i" ed "e".*

▶II 14. Si sente la ‹i›?

Obiettivo: Definire la pronuncia dei gruppi *scia, scie, sciu, scio*: con o senza "i".

Procedimento: Procedete come indicato nel manuale. Potrebbero essere necessari due ascolti. Alla fine di questo punto fate leggere le parole riportate agli studenti per accertarvi che la regola sia chiara.

Soluzione:
b. *La "i" si sente nelle parole "sciare" e "scio". I gruppi "scia, scie, sciu, scio" si pronunciano con la "i" quando questa è accentata, come in "(io) scio", o quando si trova in confine di sillaba, come in "sciare".*

▶II 15. Consonanti doppie

Obiettivo: Trattare la pronuncia delle consonanti doppie.

Procedimento:
a.–b. Procedete come indicato nel manuale.
c. Spiegate agli studenti che sentiranno gruppi di due parole le quali hanno significati diversi a seconda che una delle consonanti che contengono sia semplice o doppia. Dopo un secondo ascolto controllate in plenum.
Alla fine riportate su lucido o slide le coppie di parole del punto *c* e fatele leggere a turno agli studenti. Sarà anche utile una traduzione, se necessaria, per evidenziare che una pronuncia corretta nel caso di consonanti doppie non è solo auspicabile per motivi fonetici, bensì anche per motivi di comprensione, poiché la differenziazione nella pronuncia non è solo fonetica, bensì anche fonologica.

Soluzione: *a. rosso; b. rosa; c. caro; d. carro; e. rissa; f. risa; g. roca; h. rocca; i. palla; l. pala*

16. Intonazione

Obiettivi: Presentare e analizzare l'intonazione.

Procedimento: Procedete come indicato nella consegna. Saranno necessari più ascolti. È importante che gli studenti si rendano conto che l'accentazione di una frase può cadere su una o più parole, ma NON su tutte le parole. Questa constatazione sarà importante per guidarli verso una pronuncia che sia corretta non solo al livello di singole parole, ma che rispecchi anche la prosodia della frase.

Soluzione: Le frasi hanno più accenti (tonici, naturalmente), le sillabe su cui cadono sono segnalate qui di seguito. Le pause (utili per la prima risposta del punto 17) sono segnalate da ||.
a. Ho un appartamento con un altro ragazzo || uno studente di medicina.
b. La biblioteca è chiusa dall'una alle due. c. Al cinema || ci andiamo un'altra volta.
d. Non gli ho detto niente. e. Non andiamo mai in discoteca. f. Non mi piace molto la pizza, || e a te? g. Non è la facoltà giusta per me. h. Non ho tempo di venire oggi.

17. Entriamo nei dettagli

Obiettivo: Analizzare i meccanismi che regolano la prosodia della frase.

Procedimento: Fate leggere la consegna e le frasi seguenti e accertatevi che le domande siano chiare. Fate ascoltare i dialoghi: saranno necessari più ascolti.

Soluzione:
Concatenazione: *si veda il punto precedente. Fate presente che le parole di una frase che vanno da una pausa all'altra sono pronunciate senza soluzione di continuità: ciò non significa necessariamente velocemente, ma come se fossero concatenate le une alle altre. Dunque i gruppi "un appartamento, un altro, non andiamo, non è, ecc.", vengono pronunciati senza il colpo di glottide, tipico delle lingue germaniche.*
Apostrofo: *due parole unite dall'apostrofo si pronunciano come se fossero una sola parola.*
Pronomi: *i pronomi atoni non portano accentuazione, quelli tonici sì.*
La negazione: *"non" non porta accentuazione. Nei gruppi "non è" e "non ho" è il verbo a portare l'accento, nella pronuncia non si sente che sono due parole.*

18. Adesso provate voi!

Obiettivo: Esercitare la prosodia della frase.

Procedimento: Procedete come indicato nel manuale. Chiedete agli studenti di ripetere le frasi prima a coppie, seguirà un controllo in plenum.

▶II 19. Consonanti a confronto

Obiettivo: Distinguere fra consonanti sorde e sonore (/f/ e /v/).

Procedimento:

a. Seguite le istruzioni del manuale. Il brano è tratto dall'ascolto del punto 16 dell'unità 8.

b. Seguite le istruzioni del manuale, spiegando, se necessario, il significato dei termini "sordo" e "sonoro" affinché sia chiaro a tutti. Lasciate quindi che gli studenti provino, poi chiedete loro di fornirvi la soluzione.

c. Seguite le istruzioni del manuale.

d. Dite agli studenti che ascolteranno coppie di parole che hanno significato diverso a seconda che contengano una consonante sorda o una sonora. Il loro compito è quello di mettere, per ogni parola, una crocetta nel quadratino corrispondente al suono che sentono. Fate ascoltare un paio di volte, poi fate confrontare con un compagno. Quindi verificate in plenum.
La lista delle parole è la seguente: 1. *fai;* 2. *vai;* 3. *voto;* 4. *foto;* 5. *inverno;* 6. *inferno;* 7. *fasi;* 8. *vasi;* 9. *vaglia;* 10. *faglia;* 11. *fifa;* 12. *viva;* 13. *vede;* 14. *fede;* 15. *uva;* 16. *uffa.*

Soluzioni:

b. *con /f/ le corde vocali non vibrano; con /v/ le corde vocali vibrano*

d. */f/: fai, foto, inferno, fasi, faglia, fifa, fede, uffa; /v/: vai, voto, inverno, vasi, vaglia, viva, vede, uva*

⏯ 20. Coppie di suoni

Obiettivo: Distinguere fra consonanti sorde e sonore (/p/ e /b/, /t/ e /d/, /k/ e /g/).

Procedimento:
a. Procedete come al punto 19b.
b. Dite agli studenti che ascolteranno coppie di parole che hanno significato diverso a seconda che contengano una consonante sorda o una sonora. Il loro compito è quello di scrivere, per ogni parola, la lettera che manca. Fate ascoltare un paio di volte, poi fate confrontare con un compagno. Quindi verificate in plenum. Se necessario, chiarite il significato dei vocaboli.
c. Seguite le istruzioni del manuale.

Soluzioni:
a. suoni sordi: /p/, /t/, /k/; suoni sonori: /b/, /d/, /g/
b. 1. *pelle;* 2. *belle;* 3. *gara;* 4. *cara;* 5. *topo;* 6. *dopo;* 7. *cubo;* 8. *cupo;* 9. *podere;* 10. *potere;* 11. *dica;* 12. *diga*

⏯ 21. La ‹s›

Obiettivi: Presentare e analizzare la pronuncia sorda o sonora della "s" (/s/ vs. /z/).

Procedimento:
Procedete come indicato nel manuale, riproducendo i due diversi foni ad alta voce per accertarvi che sia chiara la differenza tra la pronuncia sorda e quella sonora.
a. Dite agli studenti che sentiranno una serie di parole contenenti la "s": dovranno cercare di distinguere quando la "s" è sorda e quando è sonora. Chiedete loro di scrivere la pronuncia corretta sopra ogni parola che sentiranno utilizzando i simboli fonetici appena visti. Saranno necessari almeno due ascolti.
b. Seguite le indicazione del manuale e concludete con un controllo in plenum.

Soluzione:
"s" all'inizio di parola:
"s" + vocale: *sole, sabato, subito*, si pronuncia /s/;
"s" + consonante sorda: *sconto, stato, spagnolo*, si pronuncia /s/;
"s" + consonante sonora: *sbagliato, svegliarsi*, si pronuncia /z/;

"s" all'interno di parola:
doppia "s": *cassa, rosso, essere*, si pronuncia /s/;
consonante + "s": *diverso, conseguenza, falso*, si pronuncia /s/;
vocale + "s" + vocale: *brasiliano, chiuso, rosa, quasi*, si pronuncia /z/*;

*I due casi in cui la "s" si pronuncia sonora sono: 1. quando è seguita da una consonante sonora, 2. quando è tra due vocali.**

* La pronuncia della "s" intervocalica è regolata, in realtà, da norme piuttosto complicate. In questo manuale abbiamo preferito, per ovvie ragioni di semplicità, seguire la tendenza più diffusa dell'italiano moderno.

▶II 22. Rrrrrr...

Obiettivo: Presentare la pronuncia della consonante "r".

Procedimento: Seguite le istruzioni del manuale.
Il brano è tratto dall'ascolto del punto 4 dell'unità 7.

▶II 23. ‹R› come Roma

Obiettivo: Analizzare la pronuncia della "r" in varie posizioni.

Procedimento: Fate ascoltare le parole e chiedete poi agli studenti di pronunciarle facendo attenzione alla posizione della lingua, spiegando che questo termine qui designa una parte del corpo (finora lo conoscono con il significato di "idioma"). Spiegate anche i termini *palato* e *alveoli* e poi fate fare delle "prove" in coppia in modo che gli studenti possano scambiarsi impressioni e opinioni. Poi riportate l'attività in plenum e chiedete di fornirvi la soluzione.

Soluzione: *La lingua si appoggia sugli alveoli e le corde vocali vibrano.*

▶ll 24. ‹R› per sempre

Obiettivo: Fissare la pronuncia della "r".

Procedimento:
Seguite le istruzioni del manuale. Mettete in evidenza il fatto che la "r" va pronunciata chiaramente nel gruppo "vocale + r + consonante", facendo riferimento alla differenza tra la pronuncia di *carne* e *cane*.

▶ll 25. ‹R› unica o gemella?

Obiettivo: Differenziare "r" semplice e doppia.

Procedimento:
a. Seguite le istruzioni del manuale.
b. Dite agli studenti che ascolteranno coppie di parole che hanno significato diverso a seconda che contengano una "r" semplice o doppia. Fate ascoltare un paio di volte, poi fate confrontare con un compagno. Quindi verificate in plenum.

Soluzione: *sera – serra; Ciro – cirro; porro – poro; bara – barra; mira – mirra*